Mailand oder Madrid – Hauptsache Italien!

Bernd Brucker

Mailand oder Madrid – Hauptsache Italien!

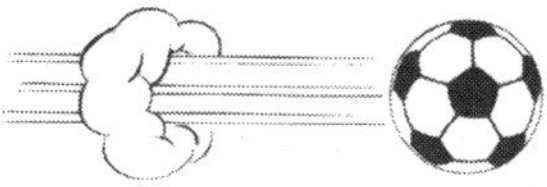

Die schönsten Sprüche unserer Fußballhelden

Bassermann

Der Text dieses Buches entspricht den Regeln
der neuen deutschen Rechtschreibung.

ISBN 3 8094 1828 5

Konzeption, Redaktion: Medienagentur, Augsburg
Illustrationen, Layout, Satz: Bert K. Roerer

Druck: GGP Media GmbH, Pößneck

Printed in Germany
817 2635 4453 6271

Inhalt

Vorwort

Dieses Buch ist all jenen gewidmet, die die Liebe zum Fußball bereits für sich entdeckt haben oder erst entdecken möchten. Denn es geht doch nichts – oder sagen wir lieber: fast nichts – über einen gemeinsamen Fußballabend mit Freunden. Sei es daheim vor dem Fernseher oder noch besser: direkt im ausverkauften Stadion, wenn die „Hütte brennt" und der Funke der Begeisterung vom Spielfeld auf die Zuschauer überspringt...

Vollkommen wird der Genuss, wenn man bei den heißen Diskussionen, die sich während des Spiels garantiert ergeben, auch noch mitreden kann. Dazu genügt es „in aller Regel", „den ein oder anderen" (diese Formulierungen sollten Sie sich unbedingt merken!) qualifizierten Beitrag abliefern, was nach der Lektüre der folgenden Seiten keine Schwierigkeit mehr sein dürfte.

Aber auch alle, die keine Anleitung mehr benötigen, kommen auf den folgenden Seiten voll auf ihre Kosten. Sie können ihre Kenntnisse auffrischen und vertiefen, sich amüsieren oder in süßen Erinnerungen schwelgen. Denn oft genügt schon ein Spruch, mit dem eine konkrete Situation verbunden wird, und ein gesamtes Spiel läuft noch einmal vor dem inneren Auge ab, live und in Farbe.

Aber selbstverständlich ist es auch legitim, alles, was Sie hier finden, gegen all die zu verwenden, deren Herz für den „falschen" Verein schlägt. Wie sich immer wieder zeigt, scheinen die ANDEREN immer in der Überzahl zu sein. Kommen Sie nur mal als Schalker nach Dortmund, als Stuttgarter nach Karlsruhe, als Gladbacher nach Köln oder als Bayernfan irgendwo hin. Da hilft nur eins: sich wehren!

Übrigens: Die kleinen Nadelstiche sind am effektivsten. Ein paar Stichworte genügen in aller Regel!

In diesem Sinne wünsche ich Ihnen viel Spaß beim Schmökern und allzeit den richtigen Spruch auf der Zunge.

Ihr Bernd Brucker

Kapitel I

„Der Ball ist rund."

Und andere Klassiker.

Die guten alten Zeiten! Wehmütig denken wir daran zurück. Denn damals war das Leben noch leichter, Mannschaften waren noch Mannschaften und keine Zweckgemeinschaften, das Fußballerherz schlug für den Heimatverein, die Spieler waren noch keine Legionäre, und wir hatten unsere Helden: WM 54, das Wunder von Bern, 74 Weltmeister im eigenen Land mit dem besten Team aller Zeiten ...
Vorbei! Der Ball rollt weiter. Was uns geblieben ist, sind die Sprüche und Weisheiten, die von Generation zu Generation überliefert werden. Das fußballerische Allgemeinwissen, sozusagen, das Fundament für jeden, der mitreden will, und das Gebäude wächst stetig. So finden sich in diesem Kapitel auch Zitate „neueren" Datums, die durch ihre Einprägsamkeit und durch die häufige Verwendung bereits heute zu den Klassikern zählen.

Der Ball ist rund.
Sepp Herberger

Das nächste Spiel ist das schwerste Spiel.
Sepp Herberger

Das Spiel dauert 90 Minuten.
Sepp Herberger

Nach dem Spiel ist vor dem Spiel.
Sepp Herberger

Eine Mannschaft ist immer so gut
wie die Stimmung auf der Bank.
Sepp Herberger

Elf Freunde müsst ihr sein.
Sepp Herberger

Die Leute gehen zum Fußball,
weil sie nicht wissen, wie es ausgeht.
Sepp Herberger

Die annere kenne aach kicke.
Sepp Herberger

So ein Leben für den Fußball
hat natürlich auch seine Schattenseiten!
Die Hochzeitsnacht verbrachten wir im Zug
nach Zürich zu einem Fußballspiel.
Eva Herberger

Grau is alle Theorie, maßgebend is auffen Platz.
Adi Preissler

Ein Fußballer ohne große Nasenlöcher kann
nichts werden. Sonst kriegt die Lunge nicht genug Luft.
Adi Preissler

Ich bin dreimal um die Erde gelaufen,
aber immer hinter dem Ball her.
Adi Preissler

Sepp Herberger hat zu mir gesagt, ich solle nicht so viel fummeln. Da habe ich ihm einfach geantwortet: Ohne Fummeln kann ich ja gleich aufhören.
Adi Preissler

Der Horst muss aufpassen, dass er beim Duschen nicht durch den Ausguss gespült wird.
Helmut Rahn über Horst Eckel

Ich zieh ab mit dem linken Fuß,
und dat gibt son richtigen Aufsetzer.
Wat dann passiert is, dat wisst ihr ja.
Helmut Rahn über sein 3:2-Siegtor im WM-Finale 1954

Wegen kurzfristiger Absage von Uwe Seeler erniedrigt sich der Eintrittspreis um 50 Pfennige.
Plakat beim VfL Jesteburg vor dem Spiel gegen die Alten Herren des Hamburger SV.

Also, ein normales Foul ist für mich nicht unfair.
Uwe Seeler

Ein Mittelstürmer verbringt die meiste Zeit seines Lebens im Strafraum.
Uwe Seeler

Erst wenn der Schiedsrichter abpfeift,
ist das Spiel zu Ende oder gewonnen!
Uwe Seeler

Dicker, wenn Du noch länger meckerst,
tret ich die Flanken 10 Zentimeter höher,
dann kommst du gar nicht mehr ran!
Gerd „Charlie“ Dörfel zu Uwe Seeler.

Die ersten 90 Minuten sind die schwersten.
Bobby Robson, Englischer Fußballspieler und Trainer

Der Heimvorteil gibt dir einen Vorteil.
Bobby Robson

Die Lichtgestalt, der Kaiser: Es kann nur einen geben!

Haben wir einen Spieler in der Jugend,
der wird bestes Spieler von ganz Deutschland.
Tschik Cajkovski, ehemaliger Bayern-Trainer

Sag dem Kraut, er soll seinen Arsch nach vorne bewegen.
Wir zahlen keine Millionen für so einen Burschen,
damit er nur in der Abwehr rumhängt.
Cosmos New York-Vorstandsmitglied

Der Franz hat seine Meinung,
ich hab meine und wir haben unsere.
Uli Hoeneß

Wenn er sagt, wir spielen künftig mit viereckigen Bällen,
dann wird mit viereckigen Bällen gespielt.
Rudi Assauer

Wenn der Kaiser spricht,
legen sogar die Engel ihre Harfen beiseite.
Max Merkel über Franz Beckenbauer

Ich möchte wissen, wer ich wirklich bin.
Franz Beckenbauer

Schau mer mal.
Franz Beckenbauer

Der Deutsche kann keinen brillanten Fußball spielen
wie der Brasilianer oder der Franzose.
Franz Beckenbauer

Das Geheimnis des Fußballs ist ja der Ball.
Uwe Seeler

Gib mich die Kirsche!
Lothar Emmerich

Ich habe nicht einfach draufgeknallt, sondern instinktiv die Lage gepeilt und den richtigen Winkel gewählt.
Lothar Emmerich

Ich habe nie eine Torchance überhastet vergeben. Lieber habe ich sie vertändelt.
Willi „Ente" Lippens, dem wir auch folgendes Schmankerl zu verdanken haben:

Schiedsrichter zeigt gelb und sagt: „Ich verwarne Ihnen!"
Ente: „Ich danke Sie!"
Konsequenz war die Rote Karte.
Hat sich aber aus unserer Sicht gelohnt!

Der Günter Netzer war nie ein Fußballer
im eigentlichen Sinn.
Franz Beckenbauer

Das ist eine Uwe-Seeler-Traditionself,
das war reiner Altherren-Fußball.
Wir haben Fußball wie vor 30 Jahren gespielt.
Franz Beckenbauer

Übrigens:
In einem Jahr hab ich mal 15 Monate durchgespielt.
Franz Beckenbauer

Geht raus und spielt Fußball!
Franz Beckenbauer
beim (gewonnenen) WM-Finale 1990 gegen Argentinien.

Und vor allem:
Abseits ist, wenn der Schiedsrichter pfeift.
Franz Beckenbauer

Das kann man natürlich auch anders sehen:
Abseits ist, wenn dat lange Arschloch zo spät abspielt.
Hennes Weisweiler
Gemeint ist Günter Netzer bei Mönchengladbach.

Und weiter geht's:
Der springende Punkt ist der Ball!
Dettmar Cramer

Was soll ich mit diesem Kugelstoßer?
Dettmar Cramer als Gerd Müller zu den Bayern kam.

Wenn 'st denkst, ist's eh zu spät.
Gerd Müller

Ein guter Fußballer grätscht nicht.
Armin Veh

Wenn man jahrelang mit Brasilianern trainiert, muss ja irgend etwas abfärben.
Franz Beckenbauer **Wie? Was? Entweder oder!**

Wenn du die Meisterschale überreicht bekommst, dann bist du Meister.
Franz Beckenbauer

Das Tor steht in der Mitte.
Franz Beckenbauer

Drei Punkte ist besser als in die Hose geschissen.
Franz Beckenbauer

Ja gut, es gibt nur eine Möglichkeit:
Sieg, Unentschieden oder Niederlage!
Franz Beckenbauer

Fußball ist immer Teamwork.
Franz Beckenbauer

Das Runde muss ins Eckige.
Dragoslav Stepanowitsch, Trainer (unter anderem) von Eintracht Frankfurt.

Oder mit St.-Pauli-Trainer Helmut Schulte gesprochen:
Ball rund muss in Tor eckig!

Mach et, Otze!
Erich Rutemöller

Die Null muss stehen!
Huub Stevens

Wir fahren hin, hau'n die weg und fahren wieder zurück.
Peter Neururer

Die Breite an der Spitze ist dichter geworden.
Hermann Neuberger

Oder, wie Rudi Völler sagen würde:
„Es gibt keine kleinen Mannschaften mehr!"

Kleine vielleicht nicht mehr, aber wie sieht es mit den Großen aus?

Deshalb auch die Devise:
Bescheiden gewinnen, anständig verlieren.
Egidius Braun

Verloren, macht nichts. Nächstes Spiel gewinnen!
Branko Zebec

Lebbe geht weiter.
Dragoslav Stepanovic

Keiner war frei, da hab' ich die Pille einfach reingewixt.
Ernst Kuzorra nachdem er im Finale um die Deutsche Meisterschaft 1934 das entscheidende Tor in der letzten Minute erzielt hatte.

Der Ball ist ein Sauhund.
Rudi Gutendorf

Ich gratuliere die Bayern.
Berti Vogts

Zu die Pressetische.
Hinweisschild „Auf Schalke“.

Ich habe viel von meinem Geld für Alkohol,
Weiber und schnelle Autos ausgegeben...
Den Rest habe ich einfach verprasst.
George Best, Nordirischer Fußballstar,
der lange Zeit bei Manchester United spielte.

Ich möchte nie mehr arbeiten,
sondern nur noch am Tresen stehen und saufen.
Erwin Kostedde

Ein Drittel? Nee, ich will mindestens ein Viertel.
Horst Szymaniak,Spieler bei Tasmania Berlin 1965/66.

Ich brauche echte Männer und keine Abziehbilder.
Eduard Geyer

Wann's red'n wollen, müssen's Staubsaugervertreter werden. Ich brauche nur Fußballer.
Ernst Happel zu Hansi Müller.

Wenn man auf meinen Grabstein eines Tages
nur „Hamburg '74“ schreibt, weiß jeder,
wer da drunter liegt.
Jürgen Sparwasser, Torschütze des entscheidenden 1:0 der DDR gegen die Bundesrepublik bei der Fußball-Weltmeisterschaft 1974.

Zuerst hatten wir kein Glück,
und dann kam auch noch Pech dazu.
Jürgen Wegmann

I hope, we have a little bit lucky.
Lothar Matthäus

Konzepte sind Kokolores.
Erich Ribbeck

Wir dürfen nicht mehr Tore kassieren
als der Gegner schießt.
Friedhelm Funkel

Manni Bananenflanke, ich Kopf, Tor!
Horst Hrubesch

Die Wahrheit liegt auf dem Platz.
Otto Rehhagel
Fußball beginnt nicht in den Beinen, sondern im Kopf.
Arrigo Sacchi, italienischer Fußballtrainer- und Philosoph.

Ich habe fertig!
Giovanni Trappatoni

Kapitel II

„Auch ein Zittersieg bringt drei Punkte."

Die Kunst, Recht zu behalten.

Fußballer und all jene, die mit ihnen zu tun haben – ob als Trainer, Funktionär, Reporter oder auch Fußballfan – zeichnen sich vor allem durch eines aus: die Fähigkeit, auch die kompliziertesten Sachverhalte auf einen einfachen Nenner zu bringen. Ob das, was dabei rauskommt, auch tatsächlich Sinn macht, spielt eher eine untergeordnete Rolle. Hauptsache ist, es hört sich gut an. Und nicht zu verachten ist auch die Tatsache, dass sich diese ewigen Weisheiten mühelos auf beinahe alle Lebensbereiche übertragen lassen.
Wer als Fußballkenner etwas auf sich hält, der sollte einige dieser Weisheiten parat haben, um sie hier und da, z.B. bei einem gemeinsamen Fußballabend mit Gleichgesinnten, ins Gespräch einzustreuen.

Ich persönlich teile ein Fußballspiel in zwei Hälften ein: Die eine ist die erste Halbzeit, die andere die zweite.

Heinz Lucas, Bundesligatrainer in den 70er Jahren, u.a. bei Fortuna Düsseldorf.

Der Ball kann überall hingehen und das macht er meistens.

Brian Marwood, englischer Fußballspieler u.a. bei Arsenal London.

Tore zählen nur, wenn sie im Tor waren.

Chris Kamara, englischer Fußballer.

Ohne Tore kann man nicht gewinnen.

Willibert Kremer, Spieler und Trainer u.a. beim MSV Duisburg.

Wenn man ein 0:2 kassiert,
dann ist ein 1:1 nicht mehr möglich.

Aleksander Ristic

Wenn der Ball über der Torlinie war, dann war es ein Tor.

Antonio Rattin,
argentinischer Nationalspieler in den 60er Jahren.

Wenn wir kein Tor machen,
können wir nicht einmal in Kaiserslautern gewinnen.

Aleksander Ristic

Wenn du hinten zu null spielst,
hast du immer einen Punkt mindestens sicher.

Max Eberl, Spieler bei Borussia Mönchengladbach.

Das glückliche Unentschieden hat 1860
vor einer Niederlage bewahrt.

ARD-Videotext

Wenn der Ball am Torwart vorbeigeht, ist es meist ein Tor.

Mario Basler

Wer mehr Tore schießt gewinnt.
Das ist brutal und kriminell.
Jeff Strasser

Wenn man keine Tore macht, ist's ganz schwer,
ein Spiel zu gewinnen.
Reinhold Fanz

Wenn man kein Tor erzielt,
kann man nicht unentschieden spielen, wenn der Gegner
eins macht, und schon gar nicht gewinnen.
Armin Veh

Wenn sein Schuss rein gegangen wäre,
hätte das Ergebnis anders aussehen können.
Giovanni van Bronckhorst **Ach nee?**

Wenn er das Tor getroffen hätte,
wäre der Ball drin gewesen, aber er hat vorbei geschossen.
Otto Rehhagel

Da war dann jeder Treffer ein Tor.
Michael Preetz

Im ersten Moment war ich nicht nur glücklich, ein Tor geschossen zu haben, sondern auch, dass der Ball reinging.
Mario Basler

Wenn ein Tor fällt, können noch mehr fallen.
Aber es muss erst mal eins fallen.
Erich Ribbeck

Dies kann ein Nachteil oder ein Vorteil sein,
sowohl für uns als auch für die gegnerische Mannschaft.
Erich Ribbeck

Bei uns wird auf dem Platz zu wenig gesprochen.
Das könnte an der Kommunikation liegen.
Erich Ribbeck **Könnte wohl so sein!**

Wir wollten in Bremen kein Gegentor kassieren.
Das hat auch bis zum Gegentor ganz gut geklappt.
Thomas Häßler

Vielleicht liegt's an der geistigen Frische, dass Lyon heute geistig frischer war.
Thomas Linke **Vielleicht ist das wirklich so?**

Ja gut, wenn man dreimal hintereinander verliert,
dann hat man dreimal verloren und null Punkte.
Frank Rost

Im großen und ganzen war es ein Spiel, das,
wenn es anders läuft, auch anders hätte ausgehen können.
Eike Immel

Mal verliert man und mal gewinnen die anderen.
Otto Rehhagel

Es bahnte sich an, was sich nachher abzeichnete.
Dieter Matz, Sportjournalist u. Buchautor.

Ich habe gesehen, dass die Mannschaft 90 Minuten auf dem Platz war.
Andreas Brehme **Na, wenigstens das!**

Ein Spiel zu gewinnen ist leichter,
wenn man gut spielt als wenn man schlecht spielt.
Johan Cruyff

Wenn wir alle Spiele gewinnen, werden wir Meister!
Niels Oude Kamphuis

Wenn wir alle Spiele gewinnen,
können wir Weltmeister werden.
Horst Hrubesch

Zwei Schiedsrichter sind mehr als ein Schiedsrichter
Gernot Rohr

Und ich glaube wirklich, dass wir es bis ins Endspiel schaffen können, es sei denn, wir verlieren vorher.
Dave Bassett, englischer Trainer.

Das klingt überzeugend.

Zu 50 Prozent stehen wir im Viertelfinale,
aber die halbe Miete ist das noch lange nicht!
Rudi Völler

Die Bulgaren spielen mit derselben Mannschaft wie 1994 in den USA. Aber die Spieler sind vier Jahre älter geworden – zumindest die meisten von ihnen.
Unbekannter CBS-Kommentator

Jungbrunnen entdeckt? Auf nach Bulgarien!

Gerade zu Hause liegt unsere Heimstärke.
Carsten Ramelow

Bochum ist zu Hause wirklich 'ne Heimmannschaft.
Boris Becker

Es hat sich gezeigt,
dass Haching gerade zuhause so heimstark ist.
Frank Pagelsdorf

Leichte Bälle zu halten ist einfach.
Schwierige Bälle zu halten ist immer schwierig.
Otto Rehhagel

Was man nicht sieht, kann man nicht halten.
Claus Reitmaier
Macht für einen Torwart tatsächlich Sinn.

Wenn du unten stehst, greifst du an solchen Bällen vorbei.
Dirk Heinen

Wir können so was nicht trainieren, sondern nur üben.
Michael Ballack

Man erzielt nicht 64 Tore in 86 Spielen,
wenn man nicht in der Lage ist, Tore zu schießen.
Alan Green

Wir treten nicht an um ein Tor zu schießen,
wir wollen das Spiel gewinnen!
Oliver Kahn

Wir hatten ein Duzend Eckbälle –
ich schätze so um die zwölf.
Craig Brown

Das kommt davon, wenn man häufiger im Angriff ist.
Dann ist man halt auch häufiger im Abseits.
Bela Rethy

Da wir nicht voll auf Niederlage spielen,
spielen wir voll auf Sieg.
Berti Vogts

Ich glaube, wir haben zwei unkonzentrierte Fehler gemacht.
Ciriaco Sforza

Verantwortlich ist die ganze Mannschaft
von vorn bis hinten, oder umgekehrt.
Franz Wohlfahrt

Die Situation ist aussichtslos, aber nicht kritisch.
Stefan Effenberg

Auch wenn es eigentlich unmöglich ist, ist es noch möglich.
Stefan Effenberg

Wer jetzt noch träumt, ist ein Träumer.
Friedhelm Funkel

Die theoretische Chance ist jetzt gleich null.
Armin Kraaz

Schade!

Wenn wir jede Woche genau so spielen wie heute,
dann haben wir eine gewisse Konstanz erreicht.
Alex Ferguson

Nachdenken bedeutet,
dass man über alles mögliche nachdenkt.
Dieter Hoeneß

Beim Fußball geht es nicht nur darum, Tore zu schießen,
sondern auch zu gewinnen.
Alan Shearer

Eines steht fest: Bis Weihnachten ist die Meisterschaft
noch nicht entschieden.
Mario Basler

Aus der Ferne betrachtet ist es alles
nur eine Frage der Distanz.
Klaus Toppmöller

Er wird 31 dieses Jahr – letztes Jahr wurde er 30.
David Coleman, BBC-Kommentator.

Ein Frühling macht noch keinen Sommer.
Klaus Toppmöller
Unbestritten! Aber müsste es nicht „Schwalbe“ heißen?

Ich hab gleich gemerkt, das ist ein Druckschmerz,
wenn man drauf drückt.
Lothar Matthäus

Ich bin der linke, mittlere, defensive Offensivspieler.
Christian Ziege **Irgendwas wird schon passen.**

Wenn du ein ganz anderes Frühstück bekommst
als du bestellt hast, dann merkst du,
dass etwas nicht richtig verstanden wurde.
Gerhard Mayer-Vorfelder

Kapitel III

„Wer weiß schon vorher, was nachher ist!“

Philosophisches rund um den Ball.

Dieses Kapitel ist all jenen gewidmet, für die Fußball nicht nur ein Spiel ist, sondern ein Sinnbild des Lebens und ein Mittel, den Dingen auf den Grund zu gehen. Man findet sie tatsächlich, die Philosophen des Fußballs, und es geht um nichts Geringeres als die Wahrheit an sich, wenngleich der Weg dahin – wie auch einige Formulierungen – an manchen Stellen etwas holprig sind. Aber was hat das schon zu bedeuten?

Für mich ist Fußball ein Spiegel der Gesellschaft.
Dieter Hoeneß

Das Tempo von Sportübertragungen, das Zappen –
was ist hier, was ist dort – ist ein Spiegelbild des Lebens.
Dieter Kürten

Wir leben alle auf dieser Erde,
aber eben auf verschiedenen Spielhälften.
Klaus Augenthaler

Letztlich zählt das, was auf dem Platz ist,
und das ist es, was zählt.
Holger Greilich

Ich glaube nicht an das Glück, aber ich glaube,
dass man es braucht.
Alan Ball

Der Grund war nicht die Ursache, sondern der Auslöser.
Franz Beckenbauer

Unsere ganz große Stärke ist es, dass wir wissen,
was wir nicht können.
Alexander Strehmel

Ich weiß nicht, dass ich nichts weiß!

Das ist Wischi-Waschi-Fußball. Ich weiß nicht mehr,
was ich tun soll. Ich fühle mich überflüssig,
es passt absolut nichts mehr.
Andreas Herzog

Existenzialismus in Vollendung!

Che Guevara war ein Rebell, ein Kämpfer für sein Land.
Das will ich auch sein. Ich will den Schwachen helfen.
Das ist im Fußball genauso, da muss man den schwachen
Gegner auch aufbauen. Das ist so eine eigene Logik
von mir, dazu will ich gar nicht viel sagen.
Torsten Legat

Es gibt Leute, die denken so, und es gibt Leute,
die denken so. Das ist immer so,
wenn viele Leute zusammenkommen.
Toni Polster

Sportler sterben gesünder.
ARD-Morgenmagazin

Leistungssport ist die attraktivste Form
von Selbstverstümmelung.
Dieter Hildebrandt

Es hat nichts mit seiner Fähigkeit zu tun.
Es liegt vielmehr an seinem Können.
Barry Venison

Es war irgendwo zwischen Dummheit und Unvermögen.
Bastian Reinhardt

Wer weiß schon vorher, was nachher ist.
Bernd Heller

Vielleicht liegt das Geheimnis unseres Erfolges darin,
dass mich meine Spieler nicht verstehen.
Bernd Krauss

Ein Spiel ist nicht gewonnen, bis es verloren ist.
David Pleat

Ich glaube, dass der Tabellenerste jederzeit
den Spitzenreiter schlagen kann.
Berti Vogts **Unsere aufrichtige Anerkennung!**

Wer hinten steht, hat das Pech der Glücklosen.
Helmut Schulte

Auswärts sind sie stärker als in der Fremde.
Carsten Fuß

Wenn ich übers Wasser laufe, dann sagen meine Kritiker: „Nicht mal schwimmen kann er."
Berti Vogts

Wir wissen alle, dass Mario nicht gesagt hat, was er gesagt hat, was er gesagt haben soll, dass er es gesagt hat.
Berti Vogts

Wenn wir nicht zur WM fahren, das würde einen großen Kopfschmerz in Deutschland verursachen.
Christian Ziege

Ich bin davon überzeugt, dass wir die, die nicht davon überzeugt sind, davon überzeugen werden.
Christian Ziege

Resignation ist der Egoismus der Schwachen.
Jörg Berger

Ich bin immer offen für Kritik, sie muss nur konstruktivistisch sein.
Michael Skibbe
Sehr geschickt! Da verstummen alle Kritiker sofort.

Das Gegentor fiel zum psychologisch ungünstigsten Zeitpunkt. Aber man muss an dieser Stelle auch einmal die Frage stellen, ob es Gegentore gibt,
die zu einem psychologisch günstigen Zeitpunkt fallen.
Christoph Daum

Alles Denkbare ist machbar.
Christoph Daum

Der Ball ist rund. Wäre er eckig, wäre er ja ein Würfel.
Gyula Lorant

Praktisch sind unsere Chancen besser als theoretisch.
Richard Golz

Die Wahrscheinlichkeit nicht Meister zu werden, ist größer,
als die Wahrscheinlichkeit, dem Abstieg nicht zu entgehen.
Dettmar Cramer

Das Unmögliche möglich zu machen
wird ein Ding der Unmöglichkeit.
Andreas Brehme

Man macht sich schon sehr, sehr viele Gedanken.
Und gerade weil man sich so viele Gedanken macht,
habe ich mir in den letzten Tagen einfach sehr,
sehr vieles durch den Kopf gehen lassen:
dass ich mir nicht so viele Gedanken mache.
Thomas Brdaric

Auf ewig verewigt, was bedeutet das schon?
Frank Mill

Mir san mir!
Lebensmotto der Bayern

Das nächste Spiel ist immer das nächste.
Matthias Sammer

Es stört mich nicht, dass in Deutschland
ein paar hunderttausend Wellensittiche Hansi heißen.
Hansi Müller

Wenn es einmal hart auf hart kommt,
kommt es meistens ganz hart.
Jens Jeremies

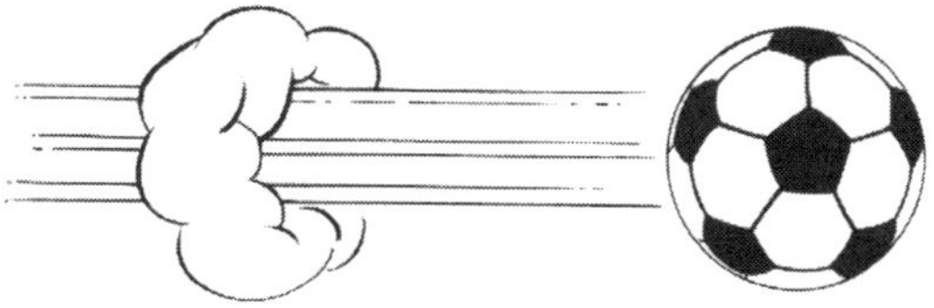

Ich weiß auch nicht, woran es liegt, dass wir immer, wenn wir führen oder zurückliegen, doch noch verlieren.
Jens Jeremies

Wenn man zu früh auf andere schaut, vergisst man, das Wesentliche aus den Augen zu verlieren.
Jens Nowotny

Hört, hört!

Ein Lothar Matthäus lässt sich nicht
von seinem Körper besiegen, ein Lothar Matthäus
entscheidet selbst über sein Schicksal.
Lothar Matthäus

Ich, was meine Person betrifft, entscheide für mich alleine.
Lothar Matthäus

Diese Spieler, was können nicht,
können nicht deshalb nicht, weil sie nicht wollen.
Otto Baric

I spui mei Spui.
Ludwig Kögl

Wenn's lafft, dann lafft's. Wenn net, dann net.
Aber bei uns lafft's.
Manfred Schwabl

Da krieg' ich so den Ball und das ist ja immer
mein Problem.
Gerald Asamoah

Ich bin so glücklich, wie ich nur sein kann.
Ich war aber schon mal glücklicher.
Ugo Ehiogu

Ich kann nicht sagen, dass ich es nicht gesagt habe,
weil ich es gesagt habe.
Mehmet Scholl

Gegen Rostock war es unsere letzte,
in Freiburg wird es unsere allerletzte Chance sein.
Ralf Weber

Etwas Besseres kann dem deutschen Fußball gar nicht passieren, als dass eine Mannschaft nicht nur vorne ist, sondern auch erfolgreich, aber deswegen ist sie ja vorn.
Jens Nowotny

Fußball ist wie eine Frikadelle. Man weiß nie, was drin ist.
Martin Driller

Es ist das Schicksal aller Trainer,
früher oder später mit Tomaten beworfen zu werden.
Dino Zoff

Fairplay bedeutet, das Foul so versteckt machen,
dass der Schiedsrichter es nicht sieht.
Dieter Hildebrandt

Ja gut, ich sag mal so: Woran hat's gelegen?
Das ist natürlich die Frage und ich sag einfach mal:
Das fragt man sich nachher natürlich immer!
Olaf Thon

Ich kann es mir als Verantwortlicher für die Mannschaft nicht erlauben, die Dinge subjektiv zu sehen. Grundsätzlich werde ich versuchen zu erkennen, ob die subjektiv geäußerten Meinungen subjektiv oder objektiv sind. Wenn sie subjektiv sind, dann werde ich an meinen Objektiven festhalten. Wenn sie objektiv sind, werde ich überlegen und vielleicht die objektiven, subjektiv geäußerten, Meinungen der Spieler mit in meine objektiven einfließen lassen.
Erich Ribbeck nach der verkorksten Europameisterschaft 2000

Ich war schon als kleiner Junge immer groß.
Oliver Reck

Seither bemühe ich mich, bei jeder leichten Berührung, bei jedem Zusammenstoß, bei jedem Foul, im Gegner zuerst den Menschen zu sehen.

Toni Schumacher nach seinem berühmt-berüchtigten Foul gegen den Franzosen Batiston.

Bei einem Fußballspiel verkompliziert sich allerdings alles durch die Anwesenheit der gegnerischen Mannschaft.

Jean-Paul Sartre

Lucio ist kein Brasilianer, er ist ein Athlet.

Berti Vogts

Es geht aber auch einfacher:

Fußball ist Ding, Dang, Dong. Es gibt nicht nur Ding.

Giovanni Trappatoni

Ich habe früher auch die großen Philosophen gelesen. Doch dann habe ich gemerkt, dass die von meinem normalen Denken absolut abweichen.
Jetzt lese ich nur noch Fußballfachbücher.

Peter Neururer

Wie der Afrikaner lebt, so spielt er auch Fußball.

Berti Vogts

Der Deutsche hat nie Angst.

Berti Vogts

Als Deutschland muss man gegen Finnland gewinnen.

Oliver Bierhoff

Hätte, wenn und aber, alles nur blödes Gelaber!

Hermann Gerland

Vor lauter Philosophieren über Schopenhauer kommen wir gar nicht mehr zum Trainieren.

Richard Golz

Kapitel IV

„Pech ist, wenn einem Torwart
die Hände gebunden sind."

Jetzt wird's poetisch

Unerwartete sprachliche Schätze und Schätzchen finden sich im folgenden Kapitel, das endgültig mit dem bösen Vorurteil aufräumen soll, der Kopf eines Fußballers sei nur zum Köpfen geeignet und erfülle ansonsten keine weiter Funktion. Wenn sich auch manches Wort noch schleifen ließe, sind doch mindestens die Rohdiamanten erkennbar, gelegentlich sogar echte Juwelen, und überall das ernsthafte dichterische Bemühen.

In Vollendung praktiziert ist Fußball eine Kunst –
genau wie die Malerei.
Alfredo di Stefano

Hätte der liebe Gott gewollt,
dass Fußball in der Luft gespielt wird,
hätte er das Gras auf den Wolken wachsen lassen.
*Brian Clough, englischer Fußballspieler-
und Trainer (1935-2004).*

Eines Nachts wird der Tag des Ray Wilkins kommen.
Bobby Robson

Und wenn Wembley die Kathedrale des Fußballs ist,
dann haben die Deutschen hier heute
einen kräftigen Schluck Weihwasser getrunken,
das Gesangbuch geklaut und die Kerzen ausgepustet.
Johannes B. Kerner

Vielleicht haben sich die Deutschen
gegenüber Gott schlecht verhalten.
Deshalb hat er sie mit der Kälte bestraft.
Ailton

Borussia Mönchengladbach steht zumindest noch
mit einem Bein im Ackerboden des Niederrheins,
und mit dem anderen winkt es der aufgehenden Sonne
am Himmel des europäischen Fußballs entgegen.
Der Trierische Volksfreund

Der Pfau, der Superpfau, der Herr Effenberg.
Da stolziert er über den Platz,
der Plauder Pfau, der pludert nur herum.
Andreas Herzog

Gewollt hab ich schon gemocht,
aber gedurft ham sie mich nicht gelassen.
Lothar Matthäus

Ein Wort gab das andere – wir hatten uns nichts zu sagen.
Lothar Matthäus

Schalke ist mein Mount Everest.
Diesen Gipfel will ich noch erklimmen.
Andreas Möller

Entweder haben wir einen Auswärtskomplex oder
Höhenangst. Ich weiß aber nicht,
wie hoch der Betzenberg ist.
Klaus Augenthaler

Für mich gibt es nur entweder – oder.
Also entweder voll oder ganz!
Toni Polster

Das Spiel macht Hoffnung auf mehr,
mehr aber auch nicht.
ARD-Kommentator

Er ging zu Boden wie eine alte, schwangere Frau.
As, spanische Sportzeitung über Oliver Kahn.

Wenn man mir die Freude am Fußball nimmt,
hört der Spaß bei mir auf!
Thomas Häßler

Dieses Foul von Simic
war nicht gut fürs Image.
Beni Turnher

Reim dich oder ich fress dich ...

Stevens, Hoeneß und Hertha BSC –
die einen nennen es Ultimatum, für die anderen
ist es die längste Trainerentlassung der Welt.
Berliner Zeitung

Spanien wäre ein schönes Land,
wenn nicht so viele Spanier dort leben würden.
Max Merkel als Trainer in Spanien, woraufhin er trotz Tabellenführung entlassen wurde.

Im Vergleich zu den Artikeln, die sie schreiben,
sind die Märchen aus Tausendundeiner Nacht
empirische Untersuchungen.
Christoph Daum

Pro Jahr habe ich mich ungefähr sechs Kilometer
von meinem Geburtsort entfernt.
Folglich werde ich 4647 in Australien leben.
Marco Bode

Man darf das Spiel doch nicht so schlecht reden
wie es wirklich war.
Olaf Thon

Er war ein bisschen drin. Aber nicht mit einer
halben Umdrehung, vielleicht mit einem Viertel.
Horst Heldt

Das ist Schnee von morgen.
Jens Jeremies

Mein Name ist Finken,
und Du wirst gleich hinken.
Herbert Finken zu einem Gegenspieler.

Demichelis – im Vergleich zu Makaay die Aldi-Variante.
Bernd Schmelzer

Moin, moin
Gascoigne.
Dieter Eilts zu Paul Gascoigne.

Ich blickte kurz auf und banante den Ball zur Mitte.
Walter Schachner, österreichische Stürmerlegende.

Der Unterkiefer von Andreas Brehme rutscht jede Minute
ein Stückchen nach vorn. Wenn's so weiter geht,
kann man in der 90. Minute da 'ne Kerze reinstellen.
Eik Galley

Auch in dieser Szene beweist der Schalker
seine Schusskraft, nutzt die gesamte Höhe des Platzes.
Bela Rethy

Wohlstandsjünglinge! Fußballer müssen wieder lernen,
dass Qualität von Qual kommt.
Berti Vogts

Schottland muss heute nicht unbedingt ein Tor erzielen,
aber sie sollten gewinnen.
Billy Mc Neill

Immer wieder geben Jupp Derwall und Erich Ribbeck ihr
Aufgebot bekannt. Wann ist denn nun endlich die Hochzeit?
Der Kölner Express

Heute knall ich mir die Birne voll,
bis mir das Bier zu den Ohren rausläuft!
Klaus Täuber

Da muss jemand einen Fußball
in die Sonne geschossen haben.
Mario Basler erklärt die Sonnenfinsternis.

Mein Körper besteht aus 68 Kilogramm stahlharter Erotik.
Mehmet Scholl

Kameradschaft ist, wenn der Kamerad schafft.
Mehmet Scholl

Meine Unbekümmertheit wandelte sich
in kontrollierte Spontaneität.
Mehmet Scholl

In erster Linie stehe ich voll hinter dem Trainer,
in zweiter Linie hat er recht.
Olaf Thon

Das einzige Tier bei uns zu Hause bin ich.
Oliver Kahn

Wir haben ungefähr 27 Gruppen im Kader.
Wir treten an unter der Prämisse der Artenvielfalt.
Christoph Daum

Da sind meine Gefühle mit mir Gassi gegangen.
Jürgen Klinsmann

Schön gesagt!

Wenn Ali mehr nach vorn geht,
zieht er den Platz in die Länge.
Nico Jan Hoogma über Jörg Albertz.
Muss man nicht verstehen, klingt aber gut!

Der springt so hoch; wenn der wieder runter kommt,
liegt auf seiner Glatze Schnee.
Norbert Nachtweih über Dieter Hoeneß.

Ich danke jeden Abend in meinem Nachtgebet,
dass Matthias Sammer bei uns auf der Bank sitzt
und nicht Jürgen Kohler.
Erwin Staudt

Zum Glück ist die Mannschaft nach dem Spiel
besser ins Spiel gekommen.
Andreas Brehme

Man soll auch die anderen Mannschaften
nicht unter dem Teppich kehren lassen.
Olaf Thon

Es war toll, es war klasse, es war ein Albtraum.
Torsten Legat
Beim VfB Stuttgart nach einem hohen Heimsieg.

Letzte Woche mal eine Minute mehr, heute mal früher
Schluss gemacht. Alle wollen flexible Arbeitszeiten.
In der Bundesliga haben wir sie.
Klaus Allofs

Offenbach hätte 3:0 gewonnen,
wenn ich nicht ein Papstbild in der Tasche gehabt hätte.
Norbert Nigbur

Sicherlich haben wir im Moment einen kleinen Lauf,
aber Lauf heißt ja bekanntlich Lauf, weil's von laufen kommt.
Matthias Sammer

Kapitel V

„Haste Scheiße am Fuß, haste Scheiße am Fuß.“

Auf den Punkt gebracht.

Über die philosophischen oder dichterischen Ambitionen manch eines Fußballers mag man vielleicht noch schmunzeln, aber eine Gabe haben sie alle: Sie verstehen es, die Dinge deutlich auszusprechen, die ihnen auf dem Herzen liegen. Das sind Emotionen pur. Besonders kurz nach dem Spiel kommt die ganze ungeschminkte Wahrheit ans Licht.

Es ist nichts scheißer als Platz zwei.
Erik Meijer

Die selbe Scheiße wie im letzten Jahr.
Adam Matysek

Seit zwei Jahren kriegen wir Tore, Tore, Tore.
Es kotzt mich an.
Tim Wiese

Was soll ich sagen?
Scheiße gespielt, scheiße verloren. Scheiße!
Dede

Wenn man in einem Testspiel aus zwei Metern den Torwart anschießt, ist das nicht in Ordnung.
Andreas Brehme

In der Bundesliga gibt es immer mehr Spieler mit einer Lederball-Allergie.
Ansgar Brinkmann

Lars Ricken spielt nie gut.
Wladimir But

Dieser Stolperkönig ist die Höchststrafe für jeden Mitspieler.
Bernd Schuster

Das einzige, was er gewonnen hat, war die Seitenwahl.
Bild-Zeitung

Der Basler, der ist eh doof.
Andreas Möller

In der Mannschaft wissen natürlich alle, dass der Paul Breitner ein A...loch ist, nur sagt es keiner offiziell.
Rudi Völler

Wer so doof ist, gehört nicht in die Bundesliga.
Eduard Geyer

Sicher, er hat den einen oder anderen menschlichen Zug.
Rainer Schütterle über Oliver Kahn.

Spieler haben Scheiße gespielt! Tut mir leid, kann ich nichts für, würde ich auch gerne anders sagen, aber Spieler haben Scheiße gespielt! Absolute Scheiße!
Aleksander Ristic

Die Lauterer haben versucht Fußball zu spielen. Aber sie haben das Problem, dass sie das Fußballspielen nicht können.
Giovane Elber

Bei uns stoppen einige den Ball –
so weit kann ich nicht schießen.
Dieter Krein, Präsident von Energie Cottbus.

In Bochum wurde früher so geholzt,
dass sogar der Ball eine Gefahrenzulage verlangt hat.
Max Merkel

Die zweite Liga ist eine Schweineliga. Da wird nur getreten.
Delron Buckley

Wir haben mit der notwendigen fairen Brutalität gespielt.
Christian Beeck

Wenn ich so sehe, welchen Zirkus ein Stefan Effenberg oder Mario Basler um die eigene Person veranstaltet, wird mir schwindlig. Früher hätten wir die im Training ein paar Mal richtig weggegrätscht – dann wäre Ruhe gewesen!
Bernhard Dietz

Das ist doch völlig normal. Wenn zwei international erfahrene Mannschaften aufeinander treten,
dann geht es schon mal etwas ruppig zu.
Jens Nowotny

So'n Mädchen! Also, ich hab ihn wirklich net arg getroffen und dann so fünf Saltos drehen.
Christian Wörns

Vielleicht sollten wir mal einen saufen gehen und
uns gegenseitig auf die Fresse hauen.
Mario Basler

Dass die Trainer manchmal ihrer Anspannung
freien Lauf lassen, ist doch ganz normal.
Die können ja keinen umhauen wie wir.
Michael Ballack

Die großen Trainer haben schließlich alle gesoffen:
Weisweiler, Happel, Zebec.
Und ich gehöre ja auch zu den Großen.
Udo Lattek

Einfacher ist es als Spieler.
Auf der Trainerbank wird man manchmal bekloppt.
Andreas Brehme

Es ist unterhaltsamer, an einer Haltestelle auf den Bus zu warten als sich so ein Fußballspiel anzusehen.
As, spanische Sportzeitung.

Endlich mal ein Gastgeber,
bei dem ein System zu erkennen ist.
Kölner Express

Man muss versuchen, den Gegner
durch permanentes Toreschießen zu zermürben.
Dietmar Demuth

Als die Zuschauer mir den Mittelfinger gezeigt haben,
wusste ich, es ist wie immer.
Christian Wörns

Heute habe ich sicher so viel Unterstützung
wie Leonid Breschnew früher bei den Sowjet-Wahlen!
Jan-Aage Fjörtoft nach dem Siegtor gegen Bayern.

Haste Scheiße am Fuß, haste Scheiße am Fuß!
Andreas Brehme

Das war ganz einfach: auflaufen, einnicken und sich freuen.
Alexander Madlung

Die Bayern können aus Scheiße Gold machen.
Dirk Lottner

Die einzige Mannschaft, vor der Real wirklich Angst hat, ist Bayern München.
Uli Hoeneß

Wenn wir die drei Titel holen, dann ich Chef in Ghana.
Sammy Kuffour

Das Schlechteste am heutigen Spiel ist, dass ich nichts zu meckern habe.
Felix Magath

Felix Magath ist der letzte Diktator Europas.
Bachirou Salou

Magaths Training ist wie ein Zahnarzttermin. Man fürchtet sich vorher, aber danach fühlt man sich besser.
Jan-Aage Fjörtoft

Was Herr Rummenigge sagt, interessiert mich nicht. Der schwätzt viel den ganzen Tag und meist nichts Gutes.
Engelbert Nelle, Vize-Präsident des DFB.

Um zu rennen und zu kämpfen, braucht man kein Abitur.
Christoph Daum

Die junge Generation ist total versaut, die können sich ja nicht mal allein eine Wohnung suchen oder am Landratsamt anmelden.
Werner Lorant

Kapitel VI

„25 Jahre alt und schon keine Ziele mehr."

Noch mehr gute Sprüche!

Originalität ist Trumpf! Unter diesem Motto steht das folgende Kapitel, und hier zeigt sich wieder einmal, dass der Fußball – wir sagten es schon! – ein Spiegel der Gesellschaft ist. Auffallen um jeden Preis, sich in der Öffentlichkeit so gut wie möglich verkaufen, und wenn es sein muss, hält man sich schon mal an das alte Sprichwort: „Lieber einen guten Freund verloren als einen guten Witz verschenkt." Tabus sind tabu!

Lieber ewiges Talent als gar kein Talent.
Mehmet Scholl

Wenn jeder Spieler 10 Prozent von seinem Ego an das Team abgibt, haben wir einen Spieler mehr auf dem Feld.
Berti Vogts

Für einige Bundesligaspieler wäre es besser,
wenn der Ball ein Würfel wäre,
dann würde er beim Stoppen nicht so weit weg springen.
Buffy Ettmayer

Das ist keine Auswechselung,
das ist eine Völkerwanderung.
Christian Günther, Bremens Stadionsprecher, als drei Spieler gleichzeitig ausgewechselt wurden.

Andere erziehen ihre Kinder zweisprachig, ich beidfüßig.
Christoph Daum

Kopfball war für mich immer so etwas ähnliches
wie Handspiel.
Günter Netzer

Das interessiert mich wie eine geplatzte Currywurst
im ostfriesischen Wattenmeer.
Dieter Eilts

Wenn meine Oma ein Bus wäre, dann könnte sie hupen!
Dieter Eilts

Ich hab heute Abend schon 800 DM ausgeben
und noch 2 Millionen auf dem Konto.
Ansgar Brinkmann

Aber der Trainer weiß doch, dass es für einen Brasilianer normal ist, dass er zu spät kommt.
Giovane Elber

Ich muss jetzt bei meiner Mama und bei meinem Papa in Brasilien anrufen. Die haben sich das Spiel live angeschaut. Ich hoffe, dass sie noch leben.
Giovane Elber

Ailton rennt nur immer nach vorn und geradeaus. Als die technisch versierten Brasilianer das Kombinieren geübt haben, hat er wohl gefehlt.
Andreas Herzog

Ich verspüre zum ersten Mal seit langem den Wunsch, einen Namen komplett aus meinem Gedächtnis zu streichen: Lothar Matthäus.
Uli Hoeneß

Ich hab früher schon in der Westkurve gestanden und Lothar Matthäus beschmissen.
Mario Basler

Jetzt sieht er aus wie ein frisch lackierter Totalschaden!
Mario Basler über Christian Ziege.

Ich hatte noch nie Streit mit meiner Frau. Bis auf das eine Mal, als sie mit aufs Hochzeitsfoto wollte.
Mehmet Scholl

Es ist mir völlig egal, was es wird. Hauptsache, er ist gesund.
Mehmet Scholl als werdender Vater.

Wir spielen in Braun-Weiß. Zumindest hören wir so auf.
Marcel Rath als Spieler bei St. Pauli.

Ich bin Optimist. Sogar meine Blutgruppe ist positiv.
Toni Polster

Wenn schon doof verlieren, dann wenigstens in Bochum.
Thorsten Kracht

Was willst du denn hier? Ist doch erst sieben Uhr.
David Montero zu seinem Trainer, der ihn besuchte, weil er beim Vormittagstraining gefehlt hatte.

Soll er sich'n Rock anziehen,
dann kann er Damenfußball spielen.
Thomas Cichon über einen Mitspieler nach einer Schwalbe.

Im Training geht er stundenlang raus, knallt aufs Tor, trifft irgendwo hinten in den Weiher oder schießt Vögel ab. Dass das heute besser geklappt hat, muss am schlechten Rasen gelegen haben.
Holger Stanislawski über einen Mitspieler.

Wenn er weiter attackiert, werde ich auspacken, und das ist so wie bei Star Wars, wenn das Imperium zurückschlägt!
Jan-Aage Fjörtoft

Man muss sehen, dass man keine Pickel am Arsch kriegt.
Joachim Hopp über sein Dasein als Dauerreservist.

Wenn ich jetzt auch noch mit dem Kopf treffe, habe ich alles erreicht. Dann höre ich auf, Fußball zu spielen.
Jörg Böhme

Ich hab' keine Probleme, mit Werner Lorant mal ein Bier zu trinken – oder auch mal einen Kaugummi zu kauen.
Lothar Matthäus – Anspielung auf Werner Lorants Werbeauftritte für eine Kaugummimarke.

Insider wissen Bescheid!

Meine Nase wird der von Steffi Graf immer ähnlicher.
Miroslav Stevic nach einem Nasenbeinbruch.

Ganz rein?
Toni Sailer zu Trainer Wolfgang Wolf, der ihn einwechseln wollte.

Solange Karl-Heinz Rummenigge und ich etwas beim FC Bayern zu sagen haben, wird Lothar Matthäus bei diesem Verein nicht mal Greenkeeper im neuen Stadion.
Uli Hoeneß

Ich habe nichts gegen Elfmeterschießen, solange ich nicht antreten muss. Ich kann mich nämlich nicht entscheiden, ich mag beide Ecken.
Matthias Sammer

Ich musste ihm eine Ohrfeige geben.
Wie hätte ich das sonst meiner Frau erklären sollen?
Youri Djorkaeff nachdem ihn sein Gegenspieler Thorsten Fink während eines Spiels auf den Mund geküsst hatte.

Ich habe absichtlich falsch ausgewechselt, damit wir nicht zu hoch gewinnen.
Aleksander Ristic

Ich habe zu meiner Mannschaft gesagt: Stürmen.
Sie haben wohl Türmen verstanden.
Aleksander Ristic

Das Spielfeld war zu lang für Doppelpässe.
Berti Vogts

Mario Basler ist noch nicht hier. Der Flug nach Kapstadt war ein Nichtraucherflug. Da konnte er nicht.
Berti Vogts

Ich habe meinem Dolmetscher gesagt, mir nur die angenehmen Sachen zu übersetzen. Das gibt weniger Probleme.
Bora Milutinovic, Weltenbummler in Sachen Fußball als Nationaltrainer Chinas.

Ob Rotationsprinzip oder Detonationsprinzip:
Hauptsache wir gewinnen!
Christoph Daum

Wer in Bochum von Strafraum zu Strafraum geht und sich dabei nicht den Knöchel bricht, dem gebe ich einen aus.
Christoph Daum

Ich muss mich noch bei meinem Präsidium entschuldigen,
weil wir das Saisonziel „Klassenerhalt“
nicht geschafft haben.
Dietmar Demuth nach dem Aufstieg von St. Pauli in die erste Liga.

Wenn sich jemand dehnen will,
soll er nach Dänemark fahren. Bei mir wird gelaufen.
Eduard Geyer

Ich habe viel mit Mario Basler gemeinsam.
Wir sind beide Fußballer, wir trinken beide
gerne mal einen, ich allerdings erst nach der Arbeit.
Felix Magath

Immer auf die Kleinen!

Stuttgart hat sich im Prinzip
den Finger in der Nase abgebrochen.
Ewald Lienen

Wir kommunizieren über Transpiration. Die Spieler s
ehen mich schwitzen und sind bereit, das Gleiche zu tun.
Guus Hiddink

Ich mache immer das, was mir gesagt wird.
Das habe ich im Osten gelernt.
Jens Jeremies

Ich habe Möhlmann vorher gesagt,
dass wir uns auf eine Punkteteilung einigen können.
Aber das hat der Schweinehund nicht mitgemacht.
Hans Meyer nach einer Heimniederlage.

Ich werde bei den Trainingseinheiten
nicht selber mitmachen. Schließlich will ich
nicht noch mehr Verletzte haben.
Huub Stevens

Wenn's kalt wird, legt euch einfach auf den Boden.
Die haben hier eine Rasenheizung.
Ivica Horvat zu seinen Spielern
bei einer Partie in München.

Wenn der Kopf nicht da ist, sondern nur eine Hülle,
dann ist es egal, ob Du mit einer Viererkette spielst oder
einer Schneekette.
Klaus Augenthaler

Wir holen unsere Brasilianer bei Türkgücü München.
Klaus Augenthaler als Trainer von Nürnberg über Cacau,
der einst bei besagtem Vorortverein spielte.

Seine Frisur sieht aus, als sei sie mit der Trompete gefönt.
Max Merkel über Werner Lorant.

Wenn ich so Fußball gespielt hätte wie Berti Vogts,
so als reiner Wadenbeißer, dann hätte ich
mit 18 Jahren meine Fußballschuhe verbrannt.
Klaus Toppmöller

Der Nerlinger, der schießt auf hundert Meter
'ne Kuh kaputt!
Max Merkel

Im Training habe ich mal die Alkoholiker meiner
Mannschaft gegen die Antialkoholiker spielen lassen.
Die Alkoholiker gewannen 7:1. Da war's mir wurscht.
Da hab i g'sagt: Sauft's weiter!
Max Merkel

Der Trappatoni spricht mittlerweile besser deutsch
als der Augenthaler bei der Brotzeit.
Max Merkel

Die wissen nicht einmal, dass im Ball Luft ist.
Die glauben doch, der springt, weil ein Frosch drin ist.
Max Merkelnüber Fußball-Funktionäre.

Sammy geht nach dem Sonnenstand. Die Sonne stand
heute morgen für ihn zu tief, um schon aufzustehen.
Ottmar Hitzfeld über Sammy Kuffour.

Es gibt jetzt gerade überall auf anderen Pressekonferenzen
Trainer, die denselben Käse erzählen wie ich.
Rudi Völler

Ich bin von allen deutschen Nationalspielern
bisher am schwärzesten.
Gerald Asamoah

Die sollen sich nicht so anstellen,
bei mir zählen nur glatte Brüche als Verletzungen.
Otto Rehhagel

Ich brauche Spieler, die am Ball besser sind als am Mikro.
Otto Rehhagel

Ich hoffe, dass die Hammerwurflöcher im Rasen nicht so tief sind, dass man Thomas Häßler nicht mehr sieht, wenn er aufläuft.
Peter Pacult

Wenn schon vier Leute so viele Fehler machen, ist es vielleicht richtig, dass man auf eine Dreierkette umstellen sollte.
Ralf Rangnick

Ich glaube, das Team hat sich im Trainingsplan in der Spalte geirrt. Tag der offenen Tür ist erst am Sonntag.
Ralf Rangnick

Hans, trinken Sie nicht so viel! In acht Wochen haben wir ein schweres Spiel in Brüssel gegen Belgien.
Sepp Herberger zu Hans Schäfer bei der Siegesfeier nach dem Gewinn der Fußball-Weltmeisterschaft 1954.

Da hilft nur: Bein aufsägen und Jahresringe zählen.
Otto Pfister über das Alter von Anthony Yeboah.

Die Torhüter spinnen alle ein bisschen. Ich kannte mal einen, der schrieb einen Brief deshalb langsam, weil er wusste, dass seine Mutter nur langsam lesen konnte.
Tschik Cajkovski

Das ist kein Unvermögen. Bei uns ist das Kunst.
Tschik Cajkovski

Wer am Samstag nicht so läuft, wie ich mir das vorstelle, der kann ja am Sonntag noch laufen.
Werner Lorant

Ihr könnt Eimer zum Kotzen mitnehmen.
Peter Neururer vor einem Trainingslager.

Ob Felix Magath auch die Titanic gerettet hätte, weiß ich nicht – auf jeden Fall wären alle Überlebenden topfit gewesen!
Jan-Aage Fjörtoft

Ich rotiere höchstens,
wenn ich Opfer des Rotationsprinzips werde.
Oliver Kahn

Das Schönste an Stuttgart ist die Autobahn nach München.
Thomas Strunz

Die Bayern vertragen keine Härte,
und ich bin der erste, der anfängt damit.
Torsten Legat vor dem Spiel VfB Stuttgart gegen Bayern München.

Fußball spielt sich zwischen den Ohren ab. Da war teilweise Brachland, das neu bepflanzt werden musste.
Rainer Bonhof

Kapitel VII

„Ob rechts oder links, wo ich auftauchte, war ich schlecht.“

Ehrliche Einsichten

Auch wenn es auf dem Platz manchmal recht rüpelhaft zugeht oder – noch schlimmer – die dargebotene Leistung jegliche Spielkultur vermissen lässt und eine Beleidigung für jeden Fußballliebhaber ist: Der Vorwurf, Fußballer seien nicht bereit zu offener und schonungsloser Selbstkritik, ist nicht haltbar.

Lauf mal, du bewegst dich ja wie ich.
Mario Basler als Jugendcoach beim SC Olching.

Worüber ich mir die ganze vergangene Zeit Gedanken gemacht habe? Meine Frisur, die ist nämlich scheiße.
Mehmet Scholl

Was meine Frisur betrifft, da bin ich Realist.
Rudi Völler

Es ist einfacher, Tore zu schießen
als den deutschen Führerschein zu machen.
Ailton

Mein Schatten war heute schneller als ich.
Arie van Lent

Mit mir in absoluter Hochform hätte es ein 0:8 gegeben.
Franz Wohlfahrt, österreichischer Torwart nach einer 0:9 Niederlage Österreichs gegen Spanien.

Alle sechs Tore gehen auf meine Kappe.
Ich habe die Mannschaft verarscht.
Gabor Kiraly

Der Trainer hatte nach den ganzen Ausfällen im Angriff nur noch die Wahl zwischen mir und dem Busfahrer. Da der Busfahrer seine Schuhe nicht dabei hatte, habe ich gespielt.
Jan-Aage Fjörtoft

Ich war heute Manndecker ohne defensive Aufgaben.
Jörg Heinrich

Wenn ich nicht will, lauf ich im Spiel nicht mehr als einen Kilometer; und da ist der Weg von und zu der Kabine schon drin.
Jürgen Kurbjuhn

Ich bin wohl der einzige, der sich über den Euro freut: Jetzt bin ich nur noch der 3 Millionen EURO-Fehleinkauf!
Marco Reich

Ja, da hab' ich gedacht, mein Gott, da rentieren sich mal endlich die 5 Millionen, die ich hier Jahr für Jahr kriege.
Michael Büskens nach einem Torerfolg.

Ich habe zweieinhalb Jahre bei Young Boys Bern, sechs Monate bei Lierse und 53 Minuten bei Duisburg gespielt.
Mini Jacobsen

Ich habe nie an unserer Chancenlosigkeit gezweifelt.
Richard Golz

In der Schule gab's für mich Höhen und Tiefen.
Die Höhen waren der Fußball.
Thomas Häßler

Solche Tore hat früher nur der Olli Reck gemacht.
Thomas Linke nach einem Eigentor.

Heute hätte ich meine Sporttasche ins Tor stellen können, dann hätten wir zwei Stück weniger gekriegt.
Oliver Kahn nach dem 1:5 der deutschen Mannschaft gegen England.

Das ist Wahnsinn! Da gibt's Spieler im Team, die laufen noch weniger als ich!
Toni Polster

Jetzt bin ich der ex-beliebteste Spieler der Eintracht.
Jan-Aage Fjörtoft nach einem verschossenen Elfmeter.

Ich habe immer gesagt, dass ich kein Dauerläufer bin, sonst könnte ich ja gleich beim Marathon starten.
Mario Basler

Ich habe noch in der 90. Minute ein Kopfball-Duell im eigenen Strafraum gewonnen.
Und so ein Mann wird nicht zur WM mitgenommen ...
Mario Basler

Auswärts sind wir zur Zeit nur, um Hallo zu sagen.
Niko Kovac

Uns kann keiner mehr schlagen, außer wir selbst.
Und daran arbeiten wir.
Zoltan Sebescen

Die sind gehumpelt!
Aber die sind schneller gehumpelt als wir gelaufen!
Hermann Gerland

Wir sind der Sympathieträger der Stadt.
Wir geben sympathisch die Punkte her.
Jürgen Röber

Ich hatte körperliche Probleme.
Man ist ja auch nicht mehr der Jüngste.
Andreas Herzog

Das war Not gegen Elend.
Jetzt muss nur noch geklärt werden, wer was war.
Thomas Meggle

Wir sind nicht ins Spiel reingekommen, durchschnittlich drin geblieben und schlecht hinten raus gekommen.
Richard Golz

Nach der Pause haben wir den Rhythmus verloren, den wir vorher nicht gefunden hatten.
Roy Präger

Ob rechts oder links, wo ich auftauchte, war ich schlecht.
Mario Basler

Wir haben unsere schlechten Auswärtsleistungen diesmal noch übertroffen. Wir haben es noch nicht mal geschafft, vernünftige Befreiungsschläge zu machen.
Benno Möhlmann

Eigentlich bin ich ein Supertyp.
Aber ich kann wohl auch ein richtiger Arsch sein!
Mario Basler

Ich habe kein Problem damit, der Arsch zu sein.
Oliver Kahn

Eine Minute nach Spielende habe ich noch nicht die Intelligenz, um das Spiel zu beurteilen.
Jens Lehmann

Der Jürgen ist ein Weltmann.
Er war ja immer ein Gegenpool zu mir.
Lothar Matthäus über Jürgen Klinsmann.

Die biologische Uhr tickt auch bei mir.
Lothar Matthäus

Durch unsere Reihen konnte man locker mit einem LKW fahren und bequem drehen.
Klaus Toppmöller

Es hat 45 Minuten gedauert, bis wir aufgewacht sind.
Das war blöd.
Marco van Hoogdalem

Branco tanzt und ich grätsche. Das ist der Unterschied zwischen Kamerun und Norwegen.
Jan-Aage Fjörtoft

Unsere Fans müssen fünf Bier getrunken haben, um unser Gekicke auswärts zu ertragen.
Alexander Schur

Das 6:2 war nicht einmal hoch genug.
Benno Möhlmann

Wir sind hierher gefahren und haben gesagt:
Okay, wenn wir verlieren, fahren wir wieder nach Hause.
Marco Rehmer

Ich werde nicht akzeptieren, dass gesagt wird:
Die Mannschaft ist ein Scheißhaufen.
So einfach ist es nicht. Logisch sind wir ein Scheißhaufen.
Aber das ist nicht der einzige Punkt.
Christian Ziege

Wir wollen zwar jedes Spiel gewinnen,
können es aber nicht.
Dietmar Demuth

Ich bewerte die Zukunft des deutschen Fußballs positiv.
Weniger Einsatz, weniger Wille,
weniger Bereitschaft geht nicht mehr.
Jens Nowotny

Wir stecken zur Zeit in einer Ergebniskrise.
Toni Schumacher

Die Fans können ja nicht rufen: Berti bravo.
Berti Vogts

Ich wollte eigentlich einen Eilantrag beim DFB einreichen, so dass ich in der Pause acht Spieler auswechseln kann.
Peter Neururer

Beim Football muss man nicht ins Tor schießen, sondern oben drüber. Das konnte ich schon immer ganz gut.
Axel Kruse, nachdem er die Sportart gewechselt hatte.

Vielleicht versuchen wir's beim nächsten Mal
mit Eisbeinessen und Kornsaufen.
Christian Beeck über Motivationsversuche bei Energie Cottbus.

Bei so vielen Super-Techniker können sogar Grob-Techniker wie Kohler, Reuter und ich gut mitspielen!
Christian Wörns

Wir waren meisterlich im Auslassen von Torchancen.
Christoph Daum

Mir liegt zwar einiges auf der Zunge,
aber inzwischen überlege ich, bevor ich etwas sage.
Christoph Daum

Im Spiel denken die Spieler ab und zu selbständig,
und man sieht ja, was dabei rauskommt.
Jürgen Klopp

Kapitel VIII

„Mailand oder Madrid – Hauptsache Italien!“

Die Folgen zu häufigen Kopfballspiels.

Fußballspieler leben gefährlich, nicht nur hinsichtlich zahlreicher Knochenbrüche, Bänder- und Muskelrisse. Wussten Sie zum Beispiel schon, dass bei jedem Kopfball Millionen von Gehirnzellen absterben? Wo führt das am Ende hin? Dies soll nun keine pauschale Entschuldigung für alles und jeden sein, aber zumindest ein Erklärungsversuch ...

Ich bin ein Führungsspieler.
Andreas Möller

Wir bleiben weiterhin in Lauerstellung.
Andreas Möller als Tabellenführer!

Hoffentlich wird er nur für ein Spiel gesperrt.
Andreas Möller zu einer Gelb-Roten-Karten seines Gegners nach einer (von vielen) Möller-Schwalben.

Man kann alle Statistiken durchgehen, dann soll man mir einen nennen, der in den vergangenen Jahren als Mittelfeldspieler besser war.
Andreas Möller

Mein Problem ist, dass ich immer sehr selbstkritisch bin, auch mir selbst gegenüber.
Andreas Möller

Ich fand mich heute gar nicht so schlecht!
Andreas Möller

Nach 16 Jahren Bundesliga fühle ich mich leer im Kopf.
Andreas Möller

Prinzessin Fergie möchte an einem Kamelrennen teilnehmen. Nicht entschieden ist, wer sie reitet. Das ist Harald Schmidt, das sind Meilensteine guten Humors.
Mehmet Scholl

Es war sehr schmerzvoll,
aber ich habe kaum etwas gespürt.
Miroslav Klose

Ich würde sogar mal 45 Minuten für Lok spielen, um für öffentliches Interesse zu sorgen.
Lothar Matthäus, der laut über ein Engagement beim maroden Klub Lokomotive Leipzig nachdachte.

Es ist wichtig, dass man neunzig Minuten
mit voller Konzentration an das nächste Spiel denkt.
Lothar Matthäus

Jeder, der mich kennt und der mich reden gehört hat, weiß genau, dass ich bald englisch in sechs oder auch schon in vier Wochen so gut spreche und Interviews geben kann, die jeder Deutsche versteht.
Lothar Matthäus

Was auch der Sinn der Sache ist!?

Ein Lothar Matthäus spricht kein Französisch.
Lothar Matthäus

Hätte auch niemand ernsthaft erwartet ...

Jens Jeremies erinnert mich
an den jungen Lothar Matthäus.
Lothar Matthäus

Noch so einer?

Ich laufe in einer Stunde so viel
wie andere Arbeitnehmer in acht.
Mario Basler

Ich habe immer gesagt, mich interessiert nicht, wer spielt.
Hauptsache, ich spiele.
Mario Basler

Er wird nie Kopfweh bekommen,
weil er seinen Kopf nie zum Denken benutzen wird!
Max Merkel

Das ist doch bloß wieder eine dieser Gruppen,
die damit versucht, bekannt zu werden.
Ottmar Hitzfeld
über den Song „Bayern“ der „Toten Hosen“.

Unsere Chancen stehen 70:50.
Torsten Legat

Ich kann nicht mehr als schießen.
Außerdem standen da 40 Leute auf der Linie.
Toni Polster **Alles wird gut!**

Wenn ich Trainer wäre und einen Ailton hätte,
würde der immer 90 Minuten spielen.
Ailton

Oh, das ist ein guter Trainer.
Alexander Hleb über einen,
der ihn als besten Mann auf dem Platz bezeichnete.

Als ich zum FC Bayern kam, war ich ein Schnäppchen,
heute bin ich rund 50 bis 60 Millionen Mark wert.
Stefan Effenberg

Keiner muss so super spielen wie ich früher.
Bernd Schuster

Im ZDF-Sportstudio: „Also bei mir geht das mit dem linken Fuß genauer und mit dem rechten fester!“ Moderator: „Und mit welchem Fuß schießen sie jetzt auf die Torwand?“ „Ja, mit dem rechten!“

Andreas Brehme

Zwei Chancen, ein Tor –
das nenne ich hundertprozentige Chancenauswertung.

Roland Wohlfahrt

Niemand wird sagen,
dass Zinedine Zidane der männliche Birgit Prinz sei.

Birgit Prinz **Das können wir bestätigen.**

Wir müssen endlich mal anfangen,
uns keine Torchancen zu erspielen.

Andreas Wessels

Wir waren in der ersten Halbzeit über 90 Minuten
die überlegene Mannschaft.

Claus Reitmaier

Gerade diesen Nike-Spot sehe ich sehr negativ.
Es beginnt jetzt die Reisezeit. Stellen Sie sich nur vor,
die Kinder beginnen jetzt auf den Flughäfen
mit Bällen herumzudribbeln.

Berti Vogts über einen lebenslustigen Werbespot von Nike.

Wirklich, Berti: Hier wird’s schon sehr bedenklich!

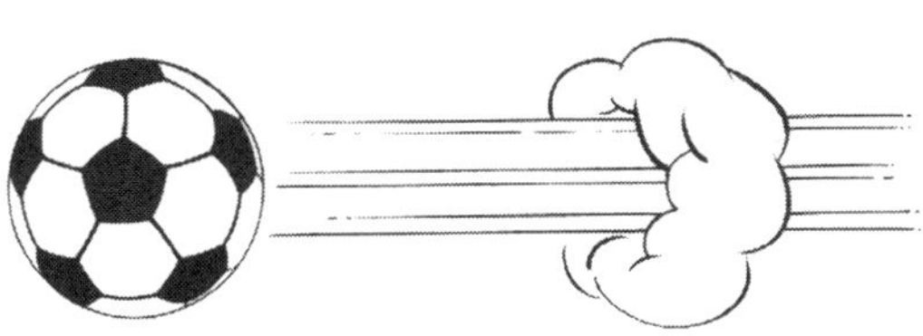

Das Tor gehört zu 70 % mir und zu 40 % dem Wilmots.
Ingo Anderbrügge

Speziell in der zweiten Halbzeit
haben wir einen guten Tag erwischt.
Andreas Möller

Man muss nicht immer die absolute Mehrheit
hinter sich haben, manchmal reichen auch 51 Prozent.
Christoph Daum

Wenn man früh ein Tor macht,
fällt natürlich vieles schwerer.
Christian Wörns

Im Halbfinale haben wir die ersten 40 Minuten
hervorragenden Fußball gespielt.
Berti Vogts nach der WM 98 im Sportstudio.
Zur Erinnerung: Deutschland ist im Viertelfinale ausgeschieden.

Ich spiele weiterhin mit Risiko. Schließlich profitieren
alle davon: Wir, das Publikum und auch der Gegner.
Aad de Mos

Wir müssen von der ersten Sekunde an voll wach sein
und das dann bis zur neunzigsten durchhalten.
Giovane Elber

Rosenborg und Trondheim sind sehr starke Mannschaften.
Carsten Jancker

Jetzt kommt es darauf an, dass wir die entscheidenden
Punkte gegen den Nicht-Abstieg sammeln!
Roy Präger

Keiner verliert ungern.
Michael Ballack

Kapitel IX

„Der Ball hatte viele Liebhaber."

Unerwartete Enthüllungen

Fußballer sind auch nur Menschen! Sie haben ihre Stärken und Schwächen. Zu den Stärken gehört unbestritten, dass sie es in den entscheidenden Momenten verstehen, ihre durchtrainierten Körper einzusetzen. Da kann man schon mal schwach werden.

Gerade in einem Spiel, in dem die Nerven blank liegen,
muss man sein wahres Gesicht zeigen
und die Hosen runter lassen.
Alexander Strehmel

Das war ein Jahrhundertspiel,
in dem der Ball viele Liebhaber hatte.
Berti Vogts

Wir standen schon vor der Toilette
und haben uns doch noch in die Hose gemacht.
Ronald Maul

Da kam dann das Elfmeterschießen. Wir hatten alle
die Hosen voll, aber bei mir lief's ganz flüssig.
Paul Breitner

Sex vor einem Spiel? Das können meine Jungs halten,
wie sie wollen. Nur in der Halbzeit, da geht nichts.
Berti Vogts

Ich halte nix von Sex vor dem Spiel,
besonders weil ich mir das Zimmer mit Salou teile.
Jan-Aage Fjörtoft

Ich werde nie Golf spielen. Erstens ist das für mich
kein Sport, und zweitens habe ich noch regelmäßig Sex.
Mehmet Scholl

Das ist der größte Unsinn. Die Spieler denken nur
an das eine, aber im Doppelzimmer liegt anstelle
einer schönen Senorita nur ein Mitspieler.
Romario

Auf Gefühle gebe ich gar nichts. Dreimal hatte ich das
Gefühl einen Sohn gezeugt zu haben,
und wir haben drei Töchter zu Hause.
Hermann Gerland

Es ist ein Sehnenabriss am Schambeinknochen. Hört sich lustig an – ist aber trotzdem beim Fußball passiert.
Thomas Strunz

Na, dann brauchst du deiner Freundin ja nicht mehr erzählen, du hättest wieder Kopfschmerzen.
Carsten Wehlmann zu einem Kollegen, der sich einen Hodeneinriss zugezogen hatte.

Rehhagel geht mit Goethe ins Bett, ich mit meiner Frau.
Friedel Rausch

Ich bin in meinem Privatleben exakt genau so wild
wie ich auf dem Platz bin,
deshalb hat mich meine Frau auch geheiratet.
Oliver Kahn

Wenn ich eine ganze Flasche Rotkäppchen getrunken habe, wurde meine Frau danach regelmäßig schwanger.
Hans Meyer

Ich möchte so schnell wie möglich sehr nah an die Mannschaft – wenn auch nicht bis unter die Dusche.
Corny Littmann

Wir lieben uns alle, und wenn wir keine Frauen hätten, wären wir auch miteinander verheiratet.
Georg Koch

Wir lieben uns alle – aber nur auf dem Platz.
Erik Mykland

Das ist eine Mannschaft mit gut bestückten Einzelspielern.
Jürgen Klinsmann nach dem Länderspiel gegen Kamerun über den Gegner.

Wie viel Franz steckt in Rudi?
Johannes B. Kerner

Die Bayern sollten besser im Leopardenstring auftreten,
das würde dem Spiel der Mannschaft
viel mehr Glamour verleihen.
Bixente Lizarazu

Ich weiß auch nicht, wo bei uns der Wurm hängt.
Fabrizio Hayer

Es ist ja bekannt, dass unser Trainer auf junge Spieler steht.
Frank Rost

Ich denke, dass ich auch jemand bin,
den man sehr gut anfassen kann.
Andreas Möller

Ich weiß nicht, wie es passiert ist, aber der Michael Blättel
hat sich heute nacht irgendwie im Bett verletzt.
Uwe Klimaschewski

Wir lassen uns beide von unseren Frauen scheiden
und ziehen zusammen.
Toni Polster über sein Verhältnis
zu Trainer Peter Neururer.

Daniel Bierofka hält sich an das Dieter-Bohlen-Motto
„Immer schön auf dem Teppich bleiben“.
Bernd Schmelzer

Der Beifall gilt Hansi Müller, der sich jetzt auszieht.
Fritz Klein

Ganea traf Kahn da, wo es bei XX-Chromosomen-
Menschen am schmerzhaftesten ist.
Thomas Herrmann

Wunderbar, wie er seinen Körper zwischen sich
und den Gegner schiebt.
Udo Lattek

Kapitel X

„Von der Einstellung her stimmt die Einstellung."

Verbale Foulspiele.

Ja gut, mit der Sprache muss man es nicht immer so genau nehmen, so lange die Leistung auf dem Platz stimmt. In diesem Kapitel finden sich die schönsten Kapriolen unserer Sprachakrobaten. Man muss das nicht alles so ernst nehmen! Einfach mal zurück lehnen und genießen! Manchmal geht es allerdings unter die Gürtellinie und dann wird es richtig schmerzhaft.

In Momento n bisschen guck.
Ailton

Das muss man verstehen, dass er Schwierigkeiten hat, sich einzugewöhnen. Er ist die deutsche Sprache noch nicht mächtig.
Jürgen Wegmann

Ich lerne nicht extra französisch für die Spieler, wo dieser Sprache nicht mächtig sind.
Mario Basler

Ich würde mich selbst als sehr bodenbeständigen Spieler bezeichnen.
Manfred Kaltz

Ich bin vollblutiger Profi.
Miroslav Stevic

Der ist mit allen Abwassern gewaschen.
Norbert Dickel

Das sind Gefühle, wo man schwer beschreiben kann.
Jürgen Klinsmann

Mir hamm a gut genugene Mannschaft.
Dietmar Hamann

Ich möchte mich noch mal bei die Leute bedanken, die hinter meinem Rücken gestanden haben.
Dariusz Wosz

Bedanken möchten wir uns auch bei den Fans, auf denen wir uns immer verlassen konnten.
Andreas Brehme

Wir waren immer überzeugt von ihn.
Andreas Brehme

Rettet dem Akkusativ!

Die Flanken von außen sind auch Roberto Carlos
und Cafu denen Ihre Spezialität.
Andreas Brehme

Uns steht ein hartes Programm ins Gesicht.
Andreas Brehme

Wir hatten viele Verletzte, aber das soll den Sieg
der Freiburger in keinster Weise schmeicheln.
Andreas Brehme

Wir stecken mitten im Abschiedskampf.
Mario Basler

Wir werden alle Gewissheiten bis zuletzt ausschöpfen.
Berti Vogts

Ich glaube nicht,
dass der Verein mir Steine in den Vertrag legt.
Torsten Legat

Natürlich ist mir ein kleiner Stein von den Schultern gefallen.
Jörg Albertz **Hoppla!**

Wir dürfen uns jetzt nicht selber Salz in die Augen streuen.
Jörg Stiel
Ein Schweizer! Und Torwart! Doppelt geschlagen ...

Wir sind heute mit aufgehobenen Köpfen
wieder rausgegangen.
Youri Mulder **Und ein Holländer!**

Auf dem Platz bisher nur Kleingehacktes.
Bela Rethy

Da herrschte plötzlich ca. 15-20 Minuten lang
Konfusität im eigenen Strafraum.
Dirk Lottner

Fredi heute drei Tore geschissen.
Tomas Rosicky

Ich will jetzt nicht noch zusätzlich Feuer ins Öl gießen.
Friedel Rausch

Wir dürfen jetzt nur nicht den Sand in den Kopf stecken.
Lothar Matthäus

Da muss dann mal einer die Hand ins Heft nehmen.
Thomas Helmer

Von der Einstellung her stimmt die Einstellung.
Andreas Brehme

Ich hatte vom Feeling her ein gutes Gefühl.
Andreas Möller

Ich bin körperlich und physisch topfit.
Thomas Häßler

Diese Siegermentalität wollen wir auch mental rüberbringen.
Berti Vogts

Schalke war heute eine Nummer zu groß für uns, nicht nur von der Größe her.
Bernd Schneider

Statistiken, Statistiken, für Statistiken habe ich mich schon früher nicht interessiert. Statistiken sind dafür da, um gebrochen zu werden.
Matthias Sammer

In der ersten Halbzeit haben wir ganz gut gespielt, in der zweiten fehlte uns die Kontinu..., äh Kontuni..., ach scheiß Fremdwörter: Wir waren nicht beständig genug!
Pierre Littbarski

Es war eine lange, kraftraubende Saison und ich werde mich erst mal regen..., regener... – ich fahr erst mal in Urlaub.
Karl-Heinz Riedle

Das ist eine Deprimierung.
Andreas Möller

Ja, der FC Tirol hat eine Obduktion auf mich.
Peter Pacult

Da gehe ich mit Ihnen ganz chloroform.
Helmut Schön

Der Ulf wird immer unsere Konifere bleiben.
Sven Ratke

Wenn ein Trainer so eine Äußerung tut, den muss man sofort erschießen.
Udo Lattek

Die Brasilianer sind ja auch alle technisch serviert.
Andreas Brehme **Sieht auch richtig lecker aus!**

Eine EM ist noch ausgeglichener besetzt als eine WM,
weil bei einer WM auch Mannschaften
vom anderen Kontingent sind.
Michael Ballack

Hoffentlich gelingt es mir,
die Mannschaft aus Ihrer Ekstase zu holen.
Lothar Matthäus **Warum eigentlich?**

Wir wurden leider nicht für unser Arrangement belohnt.
Thomas Häßler **Das riecht nach Absprache!**

Wenn der Berti Direktricen ausgibt,
da müssen sich alle dran halten!
Heinz Kwiatkowski
Nie war die Gelegenheit so günstig.

Gut, in dieser Szene hat er sich debütieren lassen.
Lorenz-Günther Köstner

Natürlich ist die Gruppenphase im UEFA-Cup
etwas anderes. Man kann viel mehr taktisieren.
Heribert Weber

Emerson intrigiert sich immer mehr.
Hans-Peter Lehnhoff

Die Fans der schwarz-gelben Borussia feierten
ihre Mannschaft die ganze Nacht lang mit Autotorsos
durch die Innenstadt.
ARD-Videotext
Konnten die sich keine ganzen Autos leisten?

Ich habe ihn nur ganz leicht retuschiert.
Olaf Thon **Sah er danach wenigstens besser aus?**

Und jetzt kommt die Sanitär-Abteilung.
Bela Rethy **Gruß an Meister Proper!**

Die Sanitäter haben mir sofort eine Invasion gelegt.
Fritz Walter. Der jüngere Fritz Walter, Spieler in Mannheim und Stuttgart.

Ich kann mich an kein Spiel erinnern, beim dem so viele Spieler mit der Barriere vom Platz getragen wurden.
Michael Lusch

Kompliment an meine Mannschaft und meinen Dank an die Mediziner. Sie haben Unmenschliches geleistet.
Berti Vogts

Im gemütlichen Einvernehmen hat sich Fußball-Zweitligist Fortuna Köln von Trainer Rudi Gutendorf getrennt.
Die Süddeutsche Westpresse

Das wird alles von den Medien hochsterilisiert.
Bruno Labbadia

Es gibt inzwischen eine ganze Reihe von Spielern, die dieser Meinung sind. Vielleicht ist ja was dran?

Wir müssen gewinnen, alles andere ist primär.
Hans Krankl

Ich musste meine Jungs ins kalte Feuer werfen.
Klaus Toppmöller

Wir werden die Spitze mit Messer und Gabel verteidigen.
Martin Wagner **Sehr zivilisiert!**

Mein Thema heute ist das Spiel gegen den 1.FC Stuttgart.
Ewald Lienen.
Oder war's der TSV oder der SC oder gar der VfB?

Bitte nennt mich Berti Mc Vogts,
wenn wir gegen Deutschland spielen.
Berti Vogts **Aua, das tut weh!**

Borussia Dortmund. Vereinsfarben: Schwarz-Geld.
Das Geißbock-Echo **Angeblich ein Druckfehler.**

Jetzt fahren wir selbstbewusst an die Ostseeküste!
Das Bayern-Echo vor einem Auswärtsspiel in Bremen.

Ich finde es großartig, dass sich die Frauen immer mehr vermehren in der Bundesliga.
Franz Beckenbauer **Vor allem bei Weihnachtsfeiern?**

Klar, dieses Verhalten ist inakzeptabel.
Aber das muss man halt akzeptieren!
Pascal Castillo

Wir müssen weiterleben und so.
Dragan Trkulja

In jedem Kader gibt es fünf richtig blöde Spieler. Von denen würde einer auf jeden Fall unter der Brücke landen, wenn er nicht Fußball spielen würde.
Hans Meyer

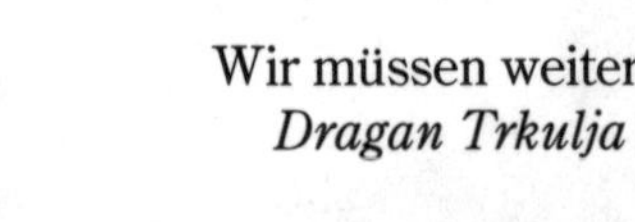

Kapitel XI

„Blinde Bratwurst!"

Schiedsrichter – die bedauernswerten Wesen.

„Ein Schiedsrichter hat es nicht leicht. Er muss seine Entscheidungen in Bruchteilen von Sekunden fällen ..." Wie oft haben wir diese Worte schon hören müssen. Aber wer denkt dabei an uns, die Fans? Sind nicht wir es, die am meisten leiden müssen, wenn wieder einmal zu unrecht auf Abseits entschieden wurde, wenn ein glasklares Tor mal wieder nicht gegeben wurde oder wenn zum wiederholten Mal einer dieser Schwalbenkönige durch den Strafraum segelt und der Schiri auf den Punkt zeigt?
Gut, zugegeben, wenn wir nach dem Stadionbesuch zu Hause vor dem Fernseher das Spiel noch einmal in Ruhe betrachten, stellen wir fest, dass die eine oder andere Entscheidung möglicherweise doch angemessen war. Eines ist aber sicher: Beinahe nichts erhitzt die Gemüter so sehr wie die Männer in Schwarz – oder heutzutage in grün oder gelb.

Im Endeffekt sind Regeln dazu da, gebrochen zu werden.
Roy Präger

Wenn der Mann in Schwarz pfeift,
kann der Schiedsrichter auch nichts mehr machen.
Andreas Brehme

Wir haben nicht das Recht, jede Entscheidung
des Schiedsrichters zu kommentieren. Der lacht sich
ja auch nicht tot, wenn wir einen Fehlpass spielen.
Ewald Lienen

Blinde Bratwurst.
Fredi Bobic über einen Schiedsrichter.

Jetzt scheiß dir mal nicht vor dir selber in die Hose, Mann!
Wolfram Wuttke zu einem Linienrichter.

Auf abseits zu spielen, ist in Deutschland sehr gefährlich.
Die Spieler können das,
aber die Linienrichter sind oft nicht dabei.
Aad de Mos

Von dem würde ich mich nicht behandeln lassen.
Ich gehe nur zu Ärzten meines Vertrauens.
Bernd Krauss über Markus Merk,
Schiedsrichter und Zahnarzt.

Herr Merk, wir haben einen Mörder verpflichtet.
Da müssen Sie etwas Fingerspitzengefühl zeigen.
Marco Reich

Der Linienrichter hatte wohl einen Holzarm.
Frank Mill

Das war meine zweite gelb-rote Karte in 15 Jahren –
und beide waren unberechtigt.
Andreas Zeyer

Entweder stellt er den runter oder pfeift Tischtennis.
Eduard Geyer

Ich wollte den Ball treffen, aber der Ball war nicht da.
Anthony Yeboah

Mein Nachtreten war höchstens Gelb, aber nicht Rot.
Marcus Lantz

Von so einer Berührung fällt nicht mal meine Oma um.
Axel Kruse

Ich konnte ihm doch nicht schon wieder Rot geben.
Bernd Heynemann befragt zu einer gelben Karte für Jens Lehmann.

So spät kann man keinen Elfmeter mehr geben.
Walter Eschweiler in der 86. Spielminute.

Mann! Mehr Abseits geht nicht! Also ehrlich!
Christoph Daum zum Linienrichter.

Das ist so, als wenn Dir einer ein Messer in den Bauch rammt, und Du musst noch dabei lächeln.
Christoph Daum zur Leistung des Schiedsrichters.

Er hat angezeigt, dass er in einer Minute ausgewechselt werden will.
Christoph Daum über einen Stinkefinger von Ulf Kirsten.

Ich heiße doch nicht Assauer, der ständig nach Ausreden sucht. Mal ist es der Schiri, mal der Rasen.
Ansgar Brinkmann befragt nach der Leistung des Schiedsrichters.

Das passiert mir nicht noch mal.
Ab jetzt lasse ich mich bei jedem Scheiß fallen.
Jörg Böhme

Der Dieter und ich, wir haben uns überlegt, dass wir von jetzt an nur noch Foul spielen, wenn es nötig ist.

Jan Kocian angesprochen auf zwei rote Karten gegen ihn und Dieter Schlindwein.

Mann, wir Schwatten müssen doch zusammenhalten!

Anthony Baffoe zum Schiedsrichter nach einer gelben Karte.

Dass mein Gegenspieler mich umgestoßen und am Torschuss gehindert hat, hab ich ja noch wegstecken können, aber als er mich obendrein noch einen „Pardon" geheißen hat, habe ich die Nerven verloren und nachgetreten.

Dietmar Hamann vor dem Sportgericht.

Ich habe zu Michael Preetz „Halt's Maul!" gesagt. Der Schiedsrichter-Assistent hat's aber auf sich bezogen und verstanden: „Halt die Fresse, Du Penner!"

Timo Wenzel

Und dann steht da draußen ein Männlein!

Klaus Schlappner über eine falsche Abseitsentscheidung gegen Waldhof Mannheim.

Wenn du so gerne das Fähnchen schwenkst,
dann such dir doch 'nen Job am Flughafen.

Erik Meijer

Daran sind nur die Schiedsrichter schuld,
da bin ich ganz selbstkritisch.

Markus Osthoff

Es war unglaublich schön! Ich hab das Tor nur für ihn geschossen, er hat so eine Scheiße gepfiffen.

Michael Thurk

In der Disco wäre ich nicht zu Boden gegangen.

Andreas Neuendorf

Typisch Betzenberg, typisch DFB,
der Schiedsrichter war ein Blindfisch.
Ralf Weber

Zur Schiedsrichterleistung will ich gar nichts sagen,
aber das war eine Frechheit, was da gepfiffen wurde!
Stefan Reuter

Wir diskutieren nicht ewig über Schiedsrichterentscheidungen oder machen lange Schwalben und wälzen uns auf dem Boden rum.
Birgit Prinz über den Unterschied zwischen Frauen- und Männerfußball.

Ich wollte ihm ein paar Worte sagen, aber es war so kalt, dass er etwas Spucke abgekriegt hat.
Kemal Halat zu einer roten Karte wegen Anspucken eines Gegenspielers.

Der Schiri kann froh sein,
dass ich ihm keine geschmiert habe.
Werner Lorant

He, Brrrand, du – du bist doch bolitisch, bist du doch, du Grüner, machst auf sozial und hetzt hier den Schirri gegen uns auf.
Loddar Maddäus

Der Herr Kemmling müsste heute normalerweise
richtig auf die Fresse kriegen.
Mario Basler

Ich war nicht damit einverstanden, dass der Schiedsrichter gegen uns einen Freistoß gegeben hat. Da habe ich ihn einfach Wichser genannt. Ich glaube, das war ziemlich dumm.
Erik Meijer

Es war erst mal ein Foulspiel. und dann haut der den
mit der Hand rein. Und der Linienrichter,
dem soll der Arm abfaulen, den er nicht gehoben hat!
Mathias Hain

Der an der Linie hat glaub ich 'ne Curry gegessen
während des Spiels.
Nico Patschinski

Ich fair foul gespielt. Ich nicht getreten.
Vlado Saric

Ich glaube, er hat ein Rudel gebildet.
Hans Meyer kommentiert eine Rote Karte.

Ich habe nichts gesehen, der Schiedsrichter hat nichts gesehen. Aber das kleine grüne Männchen an der Linie, das hat mit der Fahne gewedelt.
Klaus Augenthaler

Ich kann mir keine Äußerung zur Leistung
des Schiedsrichters erlauben, sonst müsste ich
einen Kredit aufnehmen.
Ralf Minge

Ich liebe das ehrliche Spiel. Man trägt es auf dem Platz aus
und hinterher gibt man sich die Hand,
dann ist alles vergessen.
Bernd Hollerbach

Kapitel XII

„Wenn man in Wembley eine große Party feiern will, dann darf man auf keinen Fall die Deutschen einladen."

Unsere Lieblingsgegner.

Drei Worte reichen aus: England, Holland, Österreich! Glanzvolle Siege, schmachvolle Niederlagen. Da geht es immer heiß her! So sehr wir uns auch über Siege der eigenen Mannschaft freuen und die Schadenfreude in vollen Zügen genießen, wenn einer unserer Lieblingsgegner die Bude voll kriegt – von wem auch immer: Es gibt auch die schwarzen Stunden, in denen wir leiden und am liebsten im Boden versinken möchten. Auch nach Jahrzehnten denken wir noch mit Schrecken an Wembley 66 oder die Schmach von Cordoba. Zum Glück geht es unseren Gegnern nicht viel besser!

Fußball ist ein Spiel von 22 Leuten, die rumlaufen,
den Ball spielen, und einem Schiedsrichter,
der eine Reihe dummer Fehler macht,
und am Ende gewinnt immer Deutschland.

Gary Lineker **Und das ist auch gut so!**

Ich hatte vor der Saison ein Angebot aus England.
Wäre ich bloß hingegangen! In England ist Fußball
wenigstens noch Männersport – und nichts für Tunten.

Axel Kruse

Typisch deutsch. Eine mäßige Vorstellung,
aber ein Tor zur rechten Zeit.

Daily Telegraph **(Der blanke Neid!)**

Unsere Polizisten lernen jetzt extra Englisch
zur Fußball-WM für die britischen Fans.
Obwohl sich das ja kaum lohnt – für drei Spiele.

Oliver Welke

Wenn Deutschland und die Niederlande
aufeinander treffen, ist das ein Knüller wie Brasilien
gegen Argentinien, nur etwas zivilisierter.

A Bola portugiesische Sportzeitung

(Wenn das mal stimmt?!)

Wir müssen die deutsch-holländische Feindschaft
wieder aufleben lassen.

Andreas Brehme

Den habe ich bei der EM 1980 beim 3:0 gegen Holland
mal eingewechselt. Und schwupps,
nach drei Minuten hatte er den ersten Holländer umgelegt.

Jupp Derwall über Lothar Matthäus.

Da haben die Holländer ihre Holzschuhe ausgezogen
und angefangen, Fußball zu spielen.

Bela Rethy

Wenn du Pech hast, dann hast du ein paar Holländer im Kader. Die wissen eh' immer alles besser.

Dick van Burik, Holländer bei Hertha BSC.

Erst wollten die Engländer bei der WM unbedingt gesetzt werden, jetzt sind sie gesetzt und zwar vor den Fernseher, nach der Vorrunde.

Johannes B. Kerner über die Auslosung der Gruppen der WM 2002. So ist es dann allerdings nicht gekommen.

Die Schweden sind keine Holländer – das hat man ganz genau gesehen.

Franz Beckenbauer

Hollands Käsespiel stinkt ganz Europa.
Bild-Zeitung

Ja, jetzt können die Holländer befreit auftrinken!
Aris Donzelli

Eigentlich bin ich nur nach Österreich gegangen, um eine neue Sprache zu lernen.
Christoph Daum

Lieber arbeitslos als Österreicher.
Claus Reitmaier auf ein Angebot als Torwart in Österreich zu spielen. Bedingung war, die österreichische Staatsbürgerschaft anzunehmen.

Ich freue mich auf mehr Zuschauer, denn in Österreich kenne ich fast alle Zuseher bereits persönlich!
Peter Pacult

Nein, tut's uns das nicht auch noch an.
Robert Seeger, ORF-Kommentator, als beim 0:9 Debakel der Österreicher in Spanien eine Nachspielzeit von 4 Minuten angezeigt wird.

Tor, Tooor! I werd narrisch!
Edi Finger als Kommentator beim legendären Spiel gegen Österreich 1978 bei der WM in Argentinien: Die Schmach von Cordoba. Wir erinnern uns – als Deutsche – mit Schrecken.

Italien hofft auf einen italienischen Sieg.
David Coleman

Kann es sein, dass er ein 1:0 meint?
Lässt uns aber eher kalt.

Ich weiß gar nicht,
ob wir euch mit nach Hause nehmen sollen.
Swissair-Pilot zur Schweizer Nationalmannschaft.

Das war seine beste Leistung.
So schnell war er im ganzen Turnier nicht.
Ein belgischer Journalist über Lothar Matthäus.

Was war da gleich noch?

Der Unterschied zwischen einem deutschen EM-Sieg und einem vorzeitigen Orgasmus? Keiner, man spürt beides kommen und kann nichts dagegen tun.
Frank Baumann Schweizer Fernsehmoderator.

Im Prinzip haben wir bereits mit der Teilnahme an der WM die grundsätzlichen Ziele eines anständigen Deutschen erreicht: Wir sind weiter gekommen als Österreich und Holland.
Dieter Nuhr, begnadeter Kabarettist.

Kein Pferd würde auf den Körper eines Menschen treten, der am Boden liegt. Kroatische Spieler schon.
Eugen Drewermann

Die Kroaten sollen ja auf alles treten, was sich bewegt – da hat unser Mittelfeld ja nichts zu befürchten.
Berti Vogts

Wenn die Deutschen gut spielen,
dann werden sie Weltmeister, wenn sie schlecht spielen,
dann kommen sie ins Finale!
Michel Platini

Gewusst wie!

Die deutsche Elf ist wie ein Dieselmotor,
der seine Zeit braucht um auf Touren zu kommen.
Arsène Wenger

Die Deutschen köpfen alles was kommt,
sei es nun ein Ball oder ein Sack voller Steine.
El Pais, spanische Zeitung

Wir haben gespielt wie die Deutschen.
Aimé Jacquet

Das kann nur ein Ausdruck der Bewunderung sein, oder?

Frankreich hat das erste WM-Spiel gegen Senegal
mit 0:1 verloren. Muss ich sagen, dass ich grinse?
Ein deutscher Rundfunkmoderator.

Ich denke, dass Deutschland, Frankreich, Spanien, Holland und England im Halbfinale auf Brasilien treffen werden.
Pelé

Auch wenn da nur noch vier Teams mitmachen dürfen ...

Die Rumänen sind portugiesischer als die Deutschen.
Barry Venison

Sie sollen nicht glauben, dass sie Brasilianer sind,
nur weil sie aus Brasilien kommen.
Paul Breitner

Wir waren besonders motiviert. Dieser Trainer Camacho,
Caramba oder wie der heißt, hat vor dem Spiel
im spanischen Fernsehen gesagt,
Fußball in Deutschland ist nur bumm, bumm, bumm.
Nächstes Mal soll er die Fresse halten.
Giovane Elber – Der deutscheste aller Brasilianer ...

Brasilien und Deutschland –
die Retter einer verfälschten WM.
Corriere della Sera, italienische Gazette.

Das hören wir gern.

Der österreichische Fußball ist sukzessive in eine schwierige Situation geschlittert, weil sehr viele durchschnittliche Ausländer gekauft worden sind. Da fahren Vereinspräsidenten an den Plattensee auf Urlaub und bringen sich dann vier Kellner mit.

Christoph Daum

Das ist ein historischer Sieg –
ich meine natürlich Unentschieden...

Aleksandrs Starkovs, lettischer Nationaltrainer nach dem 0:0 gegen Deutschland bei der EM 2004.

Wenn ich den Fans den Stinkefinger zeige, weiß ich, dass ich im nächsten Spiel ausgepfiffen werde. Das macht mich richtig geil auf das Spiel.

Mario Basler

Die höchste Niederlage seit 50 Jahren –
und Sie können sagen, dass Sie dabei waren.

Bela Rethy beim 1:5 Deutschlands in Rumänien.

Abgehakt!

Ja, natürlich ist das ein Rückschlag,
der so nicht geplant war.

Dietmar Hamann

Leider gibt's noch kein Gesetz, das solche Spiele verbietet.

Otto Schily

Kapitel XIII

„Ein Spiel dauert 90 Minuten."

Die Launen des Fußballgottes.

Fußball kann so ungerecht sein! Aber das kommt natürlich immer auf die Perspektive an, denn des einen Freud ist bekanntermaßen des anderen Leid. Es heißt zwar immer: „Im Fußball ist alles möglich!", aber manchmal drängt sich doch das Gefühl auf, dass eine höhere Macht ihre Finger im Spiel hat. Ein Treffer in der 94. Minute, eine verspielte Meisterschaft, (Hallo, Schalke!!!), der Abstieg eines Titelanwärters oder fünf Tore in einer Halbzeit. In solchen Fällen wird immer der Fußballgott bemüht.

Gott ist auch an den unwürdigsten Orten zuhause.
Pastorin Cordulain „Das Wort zum Sonntag",
live aus der Arena auf Schalke, wo die einzige Kapelle
in einem deutschen Stadion beheimatet ist.

Das ist zwar Gequatsche, aber es bewahrheitet sich immer wieder: Es gibt einen Gott im Fußball!
Winfried Schäfer

Es war ein Tor. Ich habe es genau gesehen, meine Herren.
Heinrich Lübke über das „Wembley-Tor" 1966
Und es war kein Tor!

Deutschland wird auf Jahre hin unbesiegbar sein.
Franz Beckenbauer nach dem WM-Titel 1990.

Ich komme 2002 als Bundeskanzler einer Minderheitsregierung zur Meisterfeier nach Schalke.
Jürgen W. Möllemann
An diesem Satz stimmt ja nun mal gar nix!

Ich trinke auf den HSV.
Andreas Müller voreiliger Dankesgruß nach Hamburg
von Schalkes Team-Manager.

Wir waren vier Minuten Meister. Das war so schön.
Ebbe Sand

Schalke war für vier Minuten Deutscher Meister – und wir finden: Das reicht!
Harald Schmidt

Was will denn Schalke im Uefa-Cup?
Thomas Berthold. Schalke gewann
in der darauffolgenden Saison diesen Pokal.

Es kann sein, dass wir gegen die Bayern nicht gewinnen.
Dieter Krein

Ich bin so ein Typ, der immer am Lachen ist.
Okay, es gibt Tage, wo man einfach nicht lachen kann.
Gerald Asamoah nach einem 0:3 bei den Bayern.

Es ist jedes Mal dasselbe: Wir fahren auswärts hin, kriegen eine Klatsche und fahren wieder nach Hause.
Bernd Hollerbach vom Hamburger SV
Nach einer Niederlage auf Schalke.

Zwei Schuss, ein Tor – so machen das die Bayern.
Claus Reitmaier

Bei denen ist sogar die Putzfrau schon zehn Mal Meister geworden.
Christoph Daum über Bayern München.

Manche Dinge sind eben so, wie sie sind.

Erst Eckball und dann Tor.
Oliver Kahn nach der 1:2 Niederlage im Championsleague-Finale gegen Manchester United in der Nachspielzeit.

Das Schlimmste ist, wenn man aufsteht und der Sohn fragt dich: „Papa, hast du gestern gewonnen?“
Giovane Elber nach einem 1:5 gegen Schalke.

Das spricht vielleicht für eine schlechte Vereinskarriere – aber das war ein Höhepunkt meiner Laufbahn!
Jan-Aage Fjörtoft nach dem Siegtreffer gegen Bayern.

Die Löwen werden das Münchner Derby frühestens in 100 Jahren gewinnen.
Franz Beckenbauer kurz vor dem 1:0-Sieg von 1860 München gegen Bayern.

Der Abstieg trifft sicher eine Mannschaft, die noch gar nicht damit rechnet.
Friedel Rausch kurz bevor er mit dem 1. FC Nürnberg absteigen musste.

Mit dieser phantastisch kämpfenden Mannschaft ist die Meisterschaft bald drin!
Karl-Heinz Körbel nach der Vorrunde in der Abstiegssaison von Eintracht Frankfurt.

Wenn ihr so weiterspielt, werdet ihr am Ende Meister.
Olaf Thon zum Trainer des späteren Absteigers Borussia Mönchengladbach.

Wir sind auf einem guten Weg.
Darius Kampa in der Abstiegssaison.

Beckenbauer hat auch gesagt, dass Leverkusen deutscher Meister wird.
Carsten Jancker

In der Schlussphase war der Pfosten der Einzige,
auf den wir uns hundertprozentig verlassen konnten.
Christoph Daum

Wir haben 3 Tore auf Cottbus gutgemacht.
*Andreas Rettig, Sportdirektor in Köln,
nach einem 0:3 auf Schalke und gleichzeitigem 0:6
eines Konkurrenten im Abstiegskampf.*

Der Oliver Neuville trifft von einem Meter das Tor nicht.
Er trifft es auch nicht von 15 Zentimeter. Das ist halt so.
Bernd Schuster

Das ist eine Klischeevorstellung von Journalisten.
Christoph Daum auf die Frage nach dem Haching-Syndrom.

Ab heute halte ich den Mund,
wenn jemand eine glasklare Torchance vergibt.
Andreas Neuendorf nachdem er das leere Tore
aus wenigen Metern verfehlte.

Peru trifft zum dritten Mal – es steht nun 3:1 für Schottland.
David Coleman **Dumm gelaufen!**

Liverpool schlägt Alaves durch Golden Eigentor mit 5:4.
Bela Rethy

Da hält ein Gladbacher einfach
seinen hässlichen Fuß dahin.
Sebastian Kehl erklärt einen Ballverlust,
der zu einem Gegentor führte.

Ich bin ins Spiel gekommen und habe für die Wende gesorgt.
Dieter Eilts nach der Einwechslung
verspielte seine Mannschaft eine sichere Führung.

Das muss die Sonne gewesen sein.
Dieter Krein nach Eigentor per Kopfball
durch Torhüter Piplica in der letzten Spielminute.

Ich bin glücklich darüber, dass ich der einzige
ungeschlagene Bundesliga-Trainer bleibe.
Ralf Schehr, als Interimstrainer beim HSV.
Er sollte recht behalten.

Kapitel XIV

„Wenn das Geld für einen Häßler nicht mehr reicht, können sie den Laden gleich zumachen.“

Die Gesetze des Marktes.

Alles fließt oder wie man in Fußballerkreisen sagt: Wie gewonnen, so zerronnen! Dies gilt sowohl für manchen geplatzten Traum von einer Weltkarriere als auch für das Scheitern so manches genialen Trainingskonzepts. Der Fußball ist zum Millionengeschäft geworden, in dem ein Wort nicht mehr viel gilt. Wie ein Blick hinter die Kulissen beweist.

Große Namen schießen ebenso wenig Tore wie Geld.
Dietmar Demuth

Der Spuch „Geld schießt keine Tore“ ist doch völliger Blödsinn. Geld schießt und verhindert Tore, genau das ist der Fall.
Armin Veh

Ich suche regelmäßig neue Spieler, nur rede ich nie darüber. Zur Zeit suche ich einen Stürmer und einen Mittelfeldspieler.
Colin Todd

Wir gehen nicht mit der Gießkanne durchs Land und beglücken alle, die Geld haben wollen.
Uli Hoeneß

Die Wahnsinnspreise zahlen wir sicherlich nicht, aber die mittleren Wahnsinnspreise könnte ich mir schon vorstellen.
Uli Hoeneß

Ich hätte niemals 90 Milliarden Lire (umgerechnet rund 50 Millionen Euro) für mich bezahlt.
Christian Vieri

Die schmieren einer fetten Gans den Arsch ... Wenn Bayern nur gegen den FC Hemd-Hoch spielt, ist das TV da.
Rudi Assauer über die angebliche Bevorzugung des FC Bayern bei Fernsehübertragungen.

Wenn ein 16jähriger, der mit Ach und Krach unfallfrei den Ball stoppen kann, mit drei Beratern erscheint, um einen Millionenvertrag auszuhandeln, ertrage ich das einfach nicht.
Bernhard Dietz

Wir werden ihn nicht vermissen, aber vergessen.
Alexander Bleick

Wie lange er noch bei uns spielen wird, entscheiden unser Verein, Momo, seine drei Berater, sein Vater, seine zukünftige Frau und was weiß ich wer noch alles.
Benno Möhlmann zu den Vertragsverhandlungen mit Momo Diabang.

Mein Berater und ich folgen den Gesetzen des Marktes.
Andrej Panadic

Ich bleibe auf jeden Fall wahrscheinlich beim KSC.
Sean Dundee

Und schon war er weg.

Um mich zu bezahlen braucht Rapid Wien sechs Sechser im Lotto.
Andreas Herzog

Bei Werder habe ich sechs Jahre um ein eigenes Klo gekämpft. Bei Real würden sie mich fragen: Welche von den zehn Toiletten möchten Sie benutzen?
Otto Rehhagel

Eher höre ich mit dem Fußball ganz auf, als die nächsten drei Jahre weiter für 96 zu spielen. Hannover ist eine öde und hässliche Stadt.
Jan Simak

In Köln haben sie vier Tage lang die Geschäftsstelle abgeschlossen und jede halbe Stunde eine Flasche Sekt entkorkt, als sie den Toni Polster für 1,8 Millionen Mark nach Gladbach verkauft hatten.

Hans Meyer

Wenn das Geld für einen Häßler nicht mehr reicht, können sie den Laden gleich zumachen.

Angela Häßler

Ballack bekam von Gerrard den Unterschied aufgezeigt zwischen Profi und Profit.

Bernd Schmelzer

Das ist das Problem in Frankfurt: Hier muss einer nur dreimal mit dem Hintern wackeln, und schon ist er ein guter Spieler.

Jupp Heynckes

Jeder, der heute einen Profivertrag unterschreibt, glaubt, einen Ball stoppen zu können. Das ist ein Irrtum.

Klaus Augenthaler

Wenn ich heute fünf Talente einbaue und mehrere Spiele hintereinander verliere, dann lassen die Leute an den Blumen, die sie mir zuwerfen, plötzlich die Töpfe dran.

Otto Rehhagel

Das, was Toni macht, könnte man als bezahlten Urlaub bezeichnen. Er macht Urlaub und bezahlt dafür.

Thomas Schaaf über den Brasilianer Ailton, der beim Trainingsauftakt unentschuldigt fehlte.

Als ich in Duisburg war, war Friedhelm Funkel in Uerdingen. Dann war er in Duisburg und ich in Rostock. Jetzt ist er in Rostock und ich in Köln. Ich hoffe nur, dass er nicht bald nach Köln kommt.

Ewald Lienen

Der Trainer versucht zu retten, was zu retten ist. Ich hoffe, dass er die Titanic wieder auf Kurs bringen kann.
Ansgar Brinkmann
Den Ausgang der Geschichte kennen wir ja.

Wir sind überzeugt, dass wir mit diesem Trainer den Nicht-Abstieg vermeiden.
Dirk Dufner als Sportdirektor von 1860 München.

Die einvernehmliche Trennung ist erfolgt, nachdem ich gesagt habe, wir machen nicht weiter.
Rudi Assauer

Über Trainer rede ich nicht in der Öffentlichkeit. Es sei denn, ich stelle einen ein oder schmeiße ihn raus.
Rudi Assauer

Es gibt so viele Trainer, die kommen und gehen. Irgendwann vergisst du mal die Vornamen.
Rudi Assauer

Vielleicht war es mit mir wie mit Helmut Kohl.
Dessen Gesicht haben sie ja auch nicht mehr gewollt.
Berti Vogts

Den größten Fehler, den wir jetzt machen könnten,
wäre, die Schuld beim Trainer zu suchen.
Karl-Heinz Körbel als Trainer von Eintracht Frankfurt.

Das ganze Team steht hinter dem Trainer,
aber ich kann nicht für den Rest des Teams sprechen.
Brian Greenhoff

Ralf ist menschlich okay, im Grunde ein lieber und netter Typ. Aber viel zu schwach.
Vielleicht ein guter Torwart-Trainer.
Achim Weber über seinen Trainer.

Wenn das Volk ruft, köpft ihn, lassen wir das nicht zu.
Andreas Rettig **Ein ehrenwerter Vorsatz.**

In der Pause hatte ich schon gefragt:
„Wo ist das nächste Arbeitsamt?"
Kevin Keegan

In Offenbach brauchst Du eher einen Wohnwagen
als eine Wohnung, so schnell bist Du wieder weg.
Peter Neururer

Das letzte Mal, dass ich so hoch verloren hab,
war gegen meinen Bruder im Tipp-Kick.
Peter Neururer **Er wurde anschließend entlassen.**

Wenn wir ein Quiz machen würden unter den Trainern in Deutschland, wer am meisten Ahnung hat von Trainingslehre, Psychologie, und der Trainer mit den besten Ergebnissen kriegt den besten Klub – dann wäre ich bald bei Real Madrid.
Peter Neururer

Kapitel XV

*„Fußball ist nicht das WICHTIGSTE auf der Welt.
Es ist das EINZIGE."*

Über wahre Liebe
und die Treuesten der Treuen.

Und da sage noch mal einer, Fußball sei eine Nebensache, wenn auch die schönste der Welt! Hier finden wir sie wieder, unsere wahren Helden, aber mal Hand aufs Herz: Was wäre der Fußball ohne uns, die Fans. In diesem Kapitel kommen auch wir zu Wort.

Fritz, mit dir gewinnt Gott jedes Spiel gegen das Böse!
Die taz im Nachruf auf Fritz Walter

Manche Leute halten Fußball für eine Sache von Leben und Tod. Ich bin von dieser Einstellung sehr enttäuscht. Ich kann Ihnen versichern, es ist sehr viel wichtiger als das!
Bill Shankley

Fußball ist nicht das WICHTIGSTE auf der Welt.
Es ist das EINZIGE.
Noch mal Bill Shankley

Für englischen Fußball.
Moshe Sinai der ehemalige israelische Nationalspieler und heutige Trainer auf die Frage, für was er sich – außer Fußball – noch interessiere.

Ich möchte bis zu meinem Lebensende hier bleiben und am liebsten noch darüber hinaus.
Alan Shearer

Ich spiele solange, bis ich mit Wolfsburg hier in München gewonnen habe. Und wenn ich hier gewonnen habe, s piele ich noch länger.
Claus Reitmaier

Eher tritt der Papst aus der Kirche aus, als dass ein Münchner vom überzeugten Bayer zum Sechziger wird.
Die Zeitschrift Sports
Und wer das Gegenteil behauptet, der lügt!

Irgendwelche Fragen, bevor ich gehe und mich aufhänge?
Bert Papon, Trainer von Dumfernline nach einer 0:7-Niederlage.

In meiner Kindheit war ich mal Bayern-Fan.
Aber diese Phase macht wohl jeder durch. So was legt sich.
Andreas Görlitz, zur Zeit Bayern-Profi!

Früher war ich ein großer Fan von Mönchengladbach, doch da hatte ich noch keine Ahnung vom Fußball.
Marco Reich

Alex Ferguson ist der beste Trainer, den ich in dieser Liga je gehabt habe. Hmm, er ist bisher mein einziger Trainer in dieser Liga. Aber er ist der beste Trainer, den ich je hatte.
David Beckham

Den Jungen habe ich umgepolt. Der war Bayern-Fan, ich habe ihm in vielen Gesprächen erklärt, warum der HSV besser ist. Jetzt hat er's kapiert.
Marinus Bester über seinen Sohn.

Das ganze Stadion wird gegen uns sein. Ganz Deutschland wird gegen uns sein. Etwas Schöneres gibt es gar nicht.
Oliver Kahn

Ich komme aussem Pott. Mein Vater war auf der Hütte. Wenn ich wieder fit bin, zeig ich denen, wat malochen heißt.
Torsten Legat

Ich hätte auch woanders ins Ausland gehen können.
Torsten Legat vor seinem Wechsel nach Frankfurt.

Eine Straßenbahn hat mehr Anhänger als Uerdingen.
Max Merkel

Ich wusste gar nicht,
wie viele Idioten in einen Fanblock passen.
Michael Schulz **Das haben wir überhört!**

Die einen gehen zu den Deutschen,
ich gehe lieber zum Fußball.
Campino **Und das erst recht!**

Die Fans z.B. von Ajax, die sind ja traditionell gewalttätig!
Karl-Heinz Rummenigge

Jeder sollte an irgend etwas glauben,
und wenn es an Fortuna Düsseldorf ist.

Campino **Schon besser!**

Lieber mit Fortuna in die 4. Liga als einmal zu den Bayern.

Campino

Holt die Antidepressiva raus, Fortuna Düsseldorf spielt!

Manfred Breuckmann

Ob ich ein Londoner Team unterstütze?
Natürlich! Ich bin für Manchester United.

Caprice **Na ja, kann mal passieren!**

Weltpokalsieger Besieger

T-Shirt Aufdruck des FC St Pauli.

Ich wünsch mir, dass das Publikum hinter der Mannschaft steht, und zwar von der ersten Sekunde bis zur 90.

Ciriaco Sforza

Wäre wenigstens mal ein Anfang.
Es gibt eben solche und solche Fans.

Kritik macht mich nur noch stärker. Wenn mich in Dortmund von 55 000 Zuschauer 50 000 hassen, mir am liebsten ein Bein abhacken würden, dann fühle ich mich wie Arnold Schwarzenegger gegen den Rest der Welt.

Mario Basler

Wenn ein Dortmunder Spieler bei der Einwechslung stolpert, schreien die Fans 'Foul'. Das ist hervorragend – für den BVB.

Christoph Daum

Wenn im Westfalenstadion der Rasen gemäht wird, stehen hinterher 20 Mann zusammen und erzählen, wie es gewesen ist.

Max Merkel über die Fans von Borussia Dortmund.

Bemerkenswert finde ich die Tatsache, dass 3000 unserer Fans in St. Pauli waren und davon waren höchstens 2000 wegen der Reeperbahn da.

Hans Meyer

Wenn bei einem Auswärtsspiel keiner ruft: „Kirsten, Du A...loch", dann weiß ich genau, dass ich schlecht bin.

Ulf Kirsten

Der FC Bayern ist wirklich das Null-plus-Ultra im deutschen Fußball.

Friedhelm Funkel

Meine Jungs sitzen noch in der Kabine. Sie wollen alle hier bleiben und nächste Woche wieder hier spielen.

Klaus Toppmöller nach zwei kurz aufeinanderfolgenden Auswärtssiegen beim 1.FC Kaiserslautern.

FCK = Faule Charakterlose Kicker.
Ihr habt Erik Gerets im Stich gelassen.

Fans des 1. FC Kaiserslautern
Transparent nach dem Rauswurf von Eric Gerets.

Wir sind FC-Fans. Holt uns hier raus!

Fans des 1. FC Köln.

Mentaltrainer für am Boden zerstörte Fans gesucht.
Fans des 1. FC Nürnberg
Transparent bei einem Abstiegskrimi.

Die Mauer muss weg.
Fans des 1. FC Union Berlin zu DDR-Zeiten bei Freistößen.

St. Paulis bester Freier - Ede Geyer.
Fans des FC St. Pauli
Transparent beim Spiel gegen Cottbus.

Gottes dümmste Gabe – ist der Schwabe.
Fans des SC Freiburg

Heute blau, morgen blau – Stuttgart interessiert koa Sau!
Fans von 1860 München

Lieber eine Nase voll Koks als Berti Vogts.
Fans von Bayer Leverkusen

Rolf, wenn du deine Mannschaft nicht sehn willst,
kannst du mit uns fahren. Du darfst auch vorne sitzen.
Fans von Eintracht Frankfurt
zu Interimstrainer Rolf Dohmen nach einem 2:5.

Lieber die rote Laterne als gar kein Licht.
Fans von Hannover 96

Bundesliga – und keiner weiß warum.
Fans von Hansa Rostock singen für die eigene Mannschaft.

Wir haben den Ball gesehen,. wir haben den Ball gesehen...
Fans von Hertha BSC Berlin
während eines Nebel-Spiels gegen Barcelona.

Hurra, wir haben's gefunden!
Fans von Schalke 04
Plakat im Sportpark Unterhaching.

Kapitel XVI

„Die Stadt ist schwarz voller Menschen in orange."

Die geballte Kompetenz der Sportreporter.

In einem der vorigen Kapitel wurde die Ansicht vertreten, dass manche Fußballer unter Brücken wohnen müssten, wenn es den Fußball nicht gäbe. Ein Trost: Sie wären nicht die einzigen! Oder haben Sie sich einmal die Frage gestellt, warum immer mehr Zuschauer in die Stadien strömen. Vielleicht deshalb, weil man die Fernsehkommentare nicht länger ertragen kann? Das wäre dann doch übertrieben. Es gibt Ausnahmen. Einige. Wenige!

Na, Herr Chapuisat, hat denn Berti Vogts
schon bei Ihnen angeklopft?
Christine Reinhardt zum Schweizer Nationalspieler.

Schöne Bilder aus Bremen. Aber eins verstehe ich nicht:
Wieso singen die eigentlich „We want the cup“?
Die haben den Pokal doch schon?
Adi Furler über eine Pokalsiegerfeier in Bremen, bei die Fans „We won the cup!“ sangen.

Ein „bombensicheres Mittelfeld“ ist mir eben
rausgerutscht. Ich möchte das gerne streichen
und korrigieren auf „baumstarkes Mittelfeld“.
Dieter Kürten

Sehr anständig!

Er ist zwar ein guter Spieler, der Jordi Cruyff,
aber eben kein Cruyff.
Bela Rethy

Der Oberarm gehört zur Hand.
Bela Rethy

Portugal spielt heute mit sechs Ausländern.
Bela Rethy

Wie unfair!

Der Junge spielt gut für seine 19 Jahre.
Das könnte daran liegen, dass er 21 ist.
David Begg

Da, wo Basler hingespielt hat,
steht er normalerweise selbst.
Rolf Töpperwien

Rolf Töpperwien kennt jeder. Weniger, weil er wunderbare Fragen stellt, sondern weil er mal eine ... – Rechnung nicht begleichen wollte, und weil er sich einmal im Rausch selbst angezündet hat.
Süddeutsche Zeitung

Ich weiß halt, da spielt jetzt Manchester gegen Deutschland im Finale.
Anna Doubek

Die Stadt ist schwarz voller Menschen in orange.
Dieter Kürten

Was für ein Fehler!
Auf der Bank ist er normalerweise eine Linie.
Jörg Wontorra

Jetzt, Überzahl! Zwei gegen zwei!
Beni Thurnheer, Schweizer Moderator.

Der Rasen sieht alt und gebraucht aus, irgendwie erinnert er mich an die Kleider der Kelly Family.
Beni Thurnheer

Für das nächste Spiel darf ich Ihnen auf jeden Fall schon einmal 900 Prozent mehr Tore versprechen.

Birte Karalusnach einem 0:0 der Bayern gegen Helsingborg. **Gut gerechnet!**

Bisher ziehen sich die Bayern toll aus der Atmosphäre.

Edgar Endress **Sind also doch Außerirdische!**

Smith, ein Name, den man sich merken muss.

Ernst Huberty

Kein Tor auswärts, so kann man einfach nicht gewinnen.

Ernst Huberty

Der Suker ist natürlich ein Stehgeiger, der rumsteht.

Franz Beckenbauer während einer Championsleague-Übertragung.

Ja gut, am Ergebnis wird sich nicht mehr viel ändern, es sei denn, es schießt einer ein Tor.

Franz Beckenbauer

Manager Meier sieht eine Partie auf dem Niveau der BVB-Aktie: Langeweile knapp über Null.

Jens-Jörg Rieck

Eins zeigt die Statistik ganz deutlich:
Wenn Tirol kein Tor erzielt, haben sie immer entweder unentschieden gespielt oder verloren.

Gerald Saubach

Hup, Holland, Hup – das hat den Vorteil, dass man es auch bei Schluckauf weitersingen kann.

Gerhard Delling

Das Spiel jetzt auf hohem Niveau.
Allerdings mehr, was die Höhe des Balles betrifft.

Gerhard Delling

Die Schotten feiern richtig schön, ohne Ausschreitungen.
Die trinken so viel, da können sie gar nicht mehr zuhauen.
Gerhard Delling

Verhüten ist das Leben des Wolfgang Kleff.
Frank Buschmann

Kickenbacher Offers
Arnim Basche

Die Rudi-Rufe hat es vorher nur für Uwe Seeler gegeben.
Gerd Rubenbauer

Der kleinste Chinese auf dem Platz
ist übrigens Thomas Häßler.
Gerd Rubenbauer beim Spiel Deutschland-China.

Endlich einer, der auch mal mit den Füßen denkt.
Gerd Rubenbauer

Die Alarmglocken läuten leise.
Gottfried Weise

Wenn der Nebel dick wie Calmund,
sieht man nix im weiten Halbrund.
Günter Jauch zum Ausfall des Spiels Turin – Leverkusen wegen Nebels.

Für alle Zuschauer, die erst jetzt eingeschaltet haben:
Das erste Tor ist schon gefallen.
Günter Jauch beim legendären Spiel Real Madrid – Borussia Dortmund, kurz nachdem das Tor umgekippt war.

Die meisten Spiele, die 1:0 ausgingen, wurden gewonnen.
Günter Netzer

Da haben Spieler auf dem Spielfeld gestanden.
Gestandene Spieler.
Günter Netzer

Der Ball ist im Schlafraum.
Günther Koch

Wieder ein Kopfball! Wieder gefährlich!
Wieder weit daneben!
Hans Huber

Der Rückstand der Norweger ist größer geworden.
Aber sie haben Boden gutgemacht.
Hermann Ohletz

Und wieder ein Konter – wieder Cha Bum – was macht er?
Wieder drüber!
Holger Obermann kommentiert eine Wiederholung, ohne es zu merken.

Carsten Jancker, ein Kerl wie ein Baum.
Wenngleich er wenig Blätter auf dem Kopf hat.
Holger Pfandt

Jemand sollte Jan Furtok mal die polnische Übersetzung der Memoiren Casanovas schenken;
da steht nämlich drin, wie man seine Chancen nutzt!
Joachim Böttcher

Halten Sie die Luft an und vergessen Sie das Atmen nicht!
Johannes B. Kerner

Olisadebe, der ja die doppelte Staatsbürgerschaft hat – von Nigeria und Polen – zumindest in der zweiten Halbzeit.
Johannes B. Kerner

Oh, ich habe da gar kein Handspiel gesehen.
Johannes B. Kerner als der Schiedsrichter ein brutales Foulspiel pfeift.

Ich schlage vor, Sie halten sich die Augen zu.
Ich sage Ihnen jetzt nämlich die Bundesliga-Ergebnisse.
Johannes B. Kerner

Da geht er, ein großer Spieler. Ein Mann wie Steffi Graf!
Jörg Dahlmann zum Abschied von Lothar Matthäus.

Kohler köpft alles weg, der würde sogar eine Kiste Bier aus dem Strafraum köpfen.
Jörg Dahlmann

Telefonieren Sie mit uns oder rufen Sie uns an!
Jörg Wontorra

Auch größenmäßig ist es der größte Nachteil,
dass die Torhüter in Japan nicht die allergrößten sind!
Klaus Lufen

Saarbrücken bezwang Freiburg mit 1:1.
Klaus Schwarze

Ein Hackentrick von Jürgen Kohler –
das kann ja nicht gut gehen.
Manfred Breuckmann

Diego Klimowicz – ein Name wie Winnetou Koslowski.
Manfred Breuckmann

Wenn Sie dieses Spiel atemberaubend finden,
dann haben Sie's an den Bronchien.
Marcel Reif

Die Spieler von Ghana erkennen Sie an den gelben Stutzen.
Marcel Reif beim Länderspiel Deutschland-Ghana.

Je länger das Spiel dauert, desto weniger Zeit bleibt.
Marcel Reif

Altin Rrakli, der Mann aus Schwalbanien.
Markus Höhner

Glück für Golz, Ball am Holz.
Aluminium hätte sich hier nicht gereimt.
Markus Höhner

Mit starrem Blick, fast weinend vor Glück,
nickte er den Ball ins Tor.
Markus Höhner

Der kleine Oliver Neuville. Er schaut immer so traurig drein. Man möchte ihn am liebsten an die Hand nehmen und ihm ein Eis kaufen.
Reinhold Beckmann

Das war ein Schubser.
Aber kein Strafstoß, sondern ein Elfmeter.
René Hiepen

Spielt ihr gegen Dortmund mit Andreas Möller
oder wollt ihr gewinnen?
Rudi Brückner Frage an Olaf Thon.

Die Flanke kommt auf den Fünfmeterpunkt.
Sabine Töpperwien
Wo auch immer der sich befinden mag.

Rudi Sturz, gerade ausgewechselt,
schießt in der 90. Minute das 2:0.
Sammy Drechsel

Brügge ist ein wunderschönes, aber sehr,
sehr kleines Städtchen mit 120.000 Einwohnern.
Steffen Simon

Jens Lehmann wird nie Politiker werden.
Er tritt zu oft zurück.
Uwe Bahn

Die 5 begleitet Andi Brehme seit seiner Schulzeit.
Uwe Bahn

England ist so voller Euphorie nach dem Sieg gegen uns,
demnächst glauben die auch noch, sie könnten kochen.
Waldemar Hartmann

Ich glaube, sein Problem liegt zwischen den Ohren.
Werner Hansch

Sind Sie wirklich so cool? Es wirkt,
als könnten Sie Eiswürfel urinieren.
Frank Buschmann zu Lauterns Trainer Kurt Jara nach dem Sieg gegen Bielefeld.

Schalke 05.
Carmen Thomas oder das kürzeste Gastspiel beim ZDF-Sportstudio.

Es geht aber noch schlimmer.

Schalten wir rüber zum SV Schalke 05?
Wolf-Dieter Poschmann

Als Chef darf man das!

Von Jürgen Kohler, den sie alle nur „Kokser" nennen, zurück zum heutigen Gegner Kolumbien – eine gelungene Überleitung wie ich finde.
Wolf-Dieter Poschmann

Nein, liebe Zuschauer, das ist keine Zeitlupe,
der läuft wirklich so langsam.
Werner Hansch

Foul von ... na wer wohl? Von Fowler!
Wolfgang Ley

Das Spiel von di Livio läuft wie geschmiert.
Wolfgang Ley

Für die Schalker hat sich die Fahrt gelohnt.
Auswärtssieg und sie haben mal eine richtig schöne Stadt zu sehen gekriegt.
Steffen Simon

Und wenn Sie es bis hierher noch gar nicht so schlimm fanden: Da singen sie: We are red, we are white, we are Danish Dynamite – Wir sind rote, wir sind weiße wir sind dänische..., äh...
Heribert Faßbender

So, jetzt ziehen wir mal ein Fazit!
Heribert Faßbender nach fünf gespielten Minuten!

Sicher ein taktischer Wechsel.
Heribert Faßbender über eine Einwechslung der führenden Mannschaft 20 Sekunden vor Ende der Nachspielzeit.
Gut erkannt!

Toulouse or not to lose, das ist hier die Frage.
Bitte verzeihen sie mir diesen kleinen Kalauer.
Heribert Faßbender **Niemals!**

Und jetzt skandieren die Fans wieder: „Türkiye! Türkiye!", was so viel heißt wie „Türkei! Türkei!"
Heribert Faßbender **Bitte aufhören!**

Guten Abend allerseits!

Kapitel XVII

„Ich habe keine Spielerfrau, ich habe eine richtige Frau.“

Die besten Antworten auf unmögliche Fragen.

Man kann sich Tag für Tag davon überzeugen: Die Einfallslosigkeit ist im Steigen begriffen, was die Fragetechnik und vor allem die Frageninhalte derer betrifft, die sich selbst gern als Fußballexperten sehen. Zur Entschuldigung: Es wurde ja auch schon alles gefragt. Zum Glück wird manche – sagen wir nicht so gelungene – Frage durch eine gute Antwort gerettet. Manchmal aus Übermut, manchmal aber auch aus reiner Notwehr.

Wenn sie mich heute Scheiße fragen, wissen Sie auch nicht, ob Sie morgen noch ihren Job haben.

Andreas Brehme auf die Frage, ob er am nächsten Tag noch Trainer des 1.FC Kaiserslautern sein werde.

Ich bin ein verheirateter Mann und habe drei Kinder. Da träumt man nicht von Fußballspielern.

Colin Hendry Schottischer Nationalspieler, auf die Frage, ob er vor dem WM-Eröffnungsspiel von seinem brasilianischen Gegner Ronaldo geträumt habe.

Nein, der ist gelb.

Mike Hanke auf die Frage, ob er nach dem Sieg gegen den HSV den Spielball mit nach Hause nehmen wolle.

Jung, ich komm aus Bottrop – da wirsse getötet, wenne datt inne Muckibude machs!

Willi Landgraf beim Step-Aerobic-Training, auf die Frage, ob er so etwas vorher schon einmal gemacht habe.

Wir sind ja nicht in Deutschland, wo sich zwei Volldepperte um den Posten streiten.

Peter Pacult auf die Frage, ob es in seinem Verein demnächst eine Torhüterdiskussion gäbe.

Ja, bis morgen früh um acht.

Felix Magath auf die Frage, ob er seiner Mannschaft nach einem Sieg frei gebe.

Die ist dann wohl mehr für die gegnerische Mannschaft gedacht!

Jörg Böhme auf die Frage ob die Spieler denn die Kapelle in der neuen Schalker Arena nutzen würden.

Dann lebe ich in Oslo, spiele immer noch Fußball und bin immer noch so langsam ...

Jan-Aage Fjörtoft auf die Frage, was er mit 85 Jahren machen werde.

For me, it's scheißegal.

Uli Hoeneß auf die Frage nach seinem Lieblingsgegner in der Championsleague.

Was ist denn mehr?

Claus-Dieter Wollitz auf die Frage, ob er sein Gehalt brutto oder netto haben wolle.

Bei Schalke.

Ernst Kuzorra auf die Frage des schwedischen Königs, wo Gelsenkirchen liege.

Ich glaube, er ist DIN A4.
Dragoslav Stepanovic auf die Frage,
wie sein neuer Vertrag in Frankfurt aussehe.

Montag, Dienstag, Mittwoch, Donnerstag ...
Dragoslav Stepanovic auf die Frage eines Reporters,
was die kommende Woche bringe.

Ich hätte mir die Haare gewaschen.
Felix Magath auf die Frage, was er an Daums Stelle
mit seinen Haaren gemacht hätte.

Schiedsrichter kommt für mich nicht in Frage,
schon eher etwas, das mit Fußball zu tun hat.
Lothar Matthäus auf die Frage,
was er nach seiner Karriere plane.

3 mal 3 ist 6. Eigentlich wollte ich die 6 haben,
aber die war schon besetzt.
Maik Franz auf die Frage,
was ihm die Rückennummer 33 bedeute.

Was? Wie? Ich? Moment mal. Ich ruf mal eben
meinen Anwalt an und frag, ob ich das sagen darf.
Mario Basler auf die Frage eines Journalisten,
ob er den Schiedsrichter einen Sack genannt habe.

Ganz gut. Ich hab´mich die ganze Nacht
um seine Frau gekümmert!
Mario Basler auf die Frage, wie es Dietmar Hamann
nach dessen Schlaganfall gehe.

Vor Krieg und Oliver Kahn.
Mehmet Scholl auf die Frage, wovor er Angst habe.

Eng.
Mehmet Scholl auf die Frage, wie es war, als Bundeskanzler
Kohl nach dem EM-Sieg 1996 in die Kabine kam.

Da müsst ihr ihn fragen. Wenn er nichts sagt,
ist das natürlich schwer.

Rayk Schröder auf die Frage, warum sein Trainer Friedhelm Funkel nicht zur Pressekonferenz erschienen sei.

Es ist nicht so einfach. Meine Mami hat gesagt,
ich soll nicht im Dunkeln heimkommen.

Martin Driller auf die Frage eines Fernsehreporters, ob er den Aufstieg denn auch richtig feiern werde.

Gesundheit!

Mehmet Scholl auf die Frage, was er denn zum rumänischen Mittelfeldstar Hagi (Sprich: Hadschi) sagen werde.

Wie war noch die zweite Frage? Das ist nicht so einfach, ich bin schließlich Fußballer ...

Mehmet Scholl nachdem ihm bei einer Pressekonferenz zwei Fragen auf einmal gestellt wurden.

Ich war das erste Mal Kapitän,
da muss man einfach ein Tor machen.

Oliver Kahn befragt zu seinem Eigentor beim Länderspiel gegen Israel.

Der Trainer hat gesagt, wir sollen uns am Gegner festbeißen. Das habe ich versucht zu beherzigen.

Oliver Kahn auf die Frage, warum er Heiko Herrlich in die Wange gebissen habe.

Weil ich einen anderen Spieler einwechseln wollte.

Ewald Lienen auf die Frage, warum er einen Spieler ausgewechselt habe.

Nein, die spielen immer mittwochs, da habe ich keine Zeit.

Paul Steiner auf die Frage, ob die Nationalmannschaft für ihn ein Thema sei.

Eine Glatze.

Rodolfo Esteban Cardoso auf die Frage, was Zinedine Zidane habe, das er nicht hat.

Hoch werden wir nicht mehr gewinnen.

Toni Pfeffer nach deutlichem Rückstand in der Halbzeit auf die Frage, wie es weiter gehen werde.

Immer Castroper Straße rauf.

Torsten Legat auf die Frage, wie er zum Bodybuilding gekommen sei.

Frau Merkel.

Georg Koch auf die Frage, wem er nicht in der Sauna begegnen möchte.

Die haben mir keins gegeben.
Bert van Marwijk auf die Frage, warum er im Anschluss an das Spiel in Bielefeld auf sein obligatorisches Bier verzichtet habe.

Ich würd' sagen: irgendwo dazwischen.
Franz Beckenbauer auf die Frage,
welche Note zwischen 1 und 6er vergeben würde.

Wenn es Konsequenzen gibt,
werde ich die bestimmt aus der Bild erfahren.
Eric Gerets auf die Frage, ob die Rote Karte Konsequenzen für seinen Spieler haben werde.

Was soll der Scheiß? Ich kann kein Englisch.
Francesco Totti auf die Frage eines Journalisten,
was er als echter Römer von dem Motto „Carpe diem“ halte.

Tore Pedersen ist ein sehr guter Freund.
Ich bin jetzt hier, um für ihn eine Frau zu finden.
Jan-Aage Fjörtoft auf die Frage,
weshalb er zu Eintracht Frankfurt gekommen sei.

Wir holen einen Psychologen, dazu ein bisschen Vollmilch.
Und Malz-Extrakt soll auch gut sein.
Eduard Geyer auf die Frage,
wie er die flatternden Nerven seiner Spieler beruhigen wolle.

Dass der Rasen im Waldstadion kürzer gemäht wird,
damit ich meinen Freund Horst Heldt besser sehe.
Mehmet Scholl auf die Frage,
was er sich für das neue Jahr wünsche.

Ich hatte noch keinen.
Jesus Gil y Gil Präsident von Atletico Madrid,
auf die Frage, warum er sich einen sündhaft teuren
alten Flugzeugträger gekauft habe.

Das ist schon so lange her,
da muss ich noch Dauerwelle gehabt haben.
Martin Pieckenhagen auf die Frage,
wann Hansa Rostock das letzte Mal zu null gespielt habe.

Mensch, mir ist aber kalt jetzt! Ehrlich! Boah!
Olaf Thon auf die Frage,
warum das Spiel denn so schlecht gelaufen sei.

Ach was, man kann uns doch gar nicht vergleichen.
Der Tony hat doch eine ganz andere Frisur als ich!
Rainer Rauffmann auf die Frage,
wie er es finde, dass er dauernd mit
(dem dunkelhäutigen) Anthony Yeboah verglichen werde.

Keine Ahnung, ich hab' nicht nachgeschaut.
Steffen Baumgart auf die Frage, ob seine Mannschaft die Hosen voll hatte.

Ja, essen!
Toni Pfeffer auf die Frage, ob er französisch könne.

Ich wollte die nicht sehen.
Eduard Geyer auf die Frage, weshalb er seiner Mannschaft nach einer Niederlage zwei Tage frei gab.

Nein! Was ist das?
Claudio Pizzaro auf die Frage, ob er die Laufwege von Giovane Elber schon kenne.

Das ist keine leichte Frage!
Da müssen Sie meine Frau fragen!
*Uwe Seeler auf die Frage,
welche Taktik er Helmut Schön für die zweite Halbzeit
des WM-Finales gegen die Niederlande empfehlen würde.*

Genauso wie Sie!
*Jörg Berger auf die Frage,
wie er das Gegentor seiner Mannschaft gesehen habe.*

Das, was ich schon die letzten 20 Jahre gemacht hab',
mich wichtig machen und deppert reden!
*Toni Polster auf die Frage,
was er im Gladbach-Management tun werde.*

Die hab ich noch nicht probiert,
aber im Allgemeinen mag ich Geflügel.
*Torsten Legat nach seinem Wechsel zum VfB Stuttgart
auf die Frage, wie er denn Spätzle fände.*

So etwas gibt es im Fußball nicht.
*Günter Netzer auf die Frage, was passiert,
wenn Südkorea gegen Holland gewinnt. Wie war das
noch? „Ohne Holland fahr'n wir zur WM!" ...*

Haben Sie eine Stunde Zeit?
*Leo Beenhakker auf die Frage,
wie dem deutschen Fußball zu helfen sei.*

Ich werde mir eine Schaf-Farm in Neuseeland kaufen und
Schafswurst herstellen, um sie nach Bayern zu exportieren.
*Peter Neururer auf die Frage nach seinen Plänen
nach dem geschafften Wiederaufstieg in die Bundesliga.*

Es war die Hand Gottes.
*Diego Maradona auf die Frage, ob er das entscheidende
Tor im WM-Viertelfinale gegen England bei der WM 86
mit der Hand erzielt habe.*

Kapitel XVIII

„Bin bis 5 Uhr früh in meiner Stammkneipe zu erreichen.“

Allerletzte Randnotizen

Und zum Schluss noch einige Kuriositäten und Dinge, die gesagt wurden, obwohl sie nie hätten gesagt werden dürfen. Darüber sollten die Betreffenden und die Betroffenen noch einmal nachdenken, denn auch hier gilt der Grundsatz: Das Spiel ist erst aus, wenn der Schiedsrichter abpfeift.

Er hatte blonde Haare und trug
den sogenannten Rudi-Völler-Schnitt.
Aktenzeichen XY ungelöst zur Beschreibung eines gesuchten Verbrechers.

Das wird ohne Zweifel mein weitester Hausbesuch sein.
Aidan Phelan Friseur von David Beckham über seine Dienstreise nach Japan bei der WM 2002.

Er wechselt seine Frisuren so oft wie Arminia Bielefeld die Liga, Lothar Matthäus die Freundin und Franz Beckenbauer die Meinung.
Der Spiegel über David Beckham.

Mich persönlich freut es,
aber die Frauen in München werden trauern.
Uli Hoeneß zur Hochzeit von David Beckham.

Schaut sich ein Fußballfan auf seinem Balkon ein Spiel im Fernsehen an und stürzt beim Torjubel ab, so kann er keine Leistungen aus seiner privaten Unfallversicherung fordern, wenn er 2,55 Promille Alkohol im Blut hatte.
Amtsgericht Koblenz (AZ 15 C 3047/98)

Neuer Dauerkarten-Rekord beim BFC Dynamo:
Der BFC konnte den Verkauf von Dauerkarten in der neuen Saison verdoppeln!!!
BFC Dynamo-Presseinformation von 17 auf 36 Stück!

Ich bin aufgewacht, habe aus dem Fenster geguckt, den Schnee gesehen – da war für mich klar:
Heute ist kein Training. Doch dann ist der Trainer gekommen und hat gesagt, dass wir rausgehen.
Boubacar Diarra Freiburgs Abwehrspieler aus Mali über seine ersten Erfahrungen mit Schnee.

Die rechte Außenbahn: die Problemzone von Berti Vogts.
Bela Rethy

Wenn die Arena hören, denken sie an ein Stadion.
Bruce Arena, US Nationalspieler zum Fußballwissen der Amerikaner.

Während des Trainings oder des Spiels sehen sie plötzlich einen Wal – und dann lassen sie Ball Ball sein, dann stürmen sie zu den Booten und es geht raus aufs Meer.
Sepp Piontek über die grönländischen Fußballer.

Es muss geklärt sein, ob ich dort mit meinen Hunden spazieren gehen kann, ohne dass sie in einem Kochtopf landen.
Jörg Albertz als er in Erwägung zog, nach China zu gehen.
Der Mann weiß, wovon er spricht – er spielte dort einige Zeit!

Wir haben die Absicht, den europäischen Zuschauern Hundefleischsaft während der Spiele gratis auf ihren Plätzen anzubieten. Ich bin sicher, die Fans werden dieses Getränk mögen. Es soll Coca-Cola ersetzen.

Choi Han-Gwon, koreanischer Funktionär
bei der WM 2002.

Ich habe sie auf die Hand geküsst.
Das war ein Geschrei, einfach unglaublich.

David Beckham
über seine Begegnung mit einem japanischen Mädchen
bei einem Schulbesuch der englischen Nationalspieler.

Erding – Breitbrunn 2:0. Das Ergebnis wurde ohne Gewähr übermittelt, denn so ganz genau wussten es die Platzherren nicht.

Münchner Merkur

Bin bis 5 Uhr früh in meiner Stammkneipe zu erreichen.

Ansgar Brinkmann
Ansage auf seinem Anrufbeantworter.

Eines möchte ich noch kurz anfügen. Auf der Homepage meines Kollegen Thomas Sobotzik habe ich gelesen, dass ich seinem Sohn so ähnlich sehe.
Mit Frau Sobotzik habe ich aber schmunzelnd ausgemacht, dass an dieser Geschichte nichts dran ist.

Jan-Aage Fjörtoft

In meiner Person vereinen sich die Schönheit von Lothar Matthäus, die Eleganz von Maradona und das weltmännische Auftreten von Oliver Bierhoff.

Goleo VI das WM-2006-Maskottchen, selbst reflektierend.

Das WM-Maskottchen 2006 sieht mir fast ein bisschen ähnlich. Einer seiner Vorfahren hat wohl mal was mit einem Lama gehabt.

Thomas Gottschalk

Die Frauen haben sich entwickelt in den letzten Jahren. Sie stehen nicht mehr zufrieden am Herd, waschen Wäsche und passen aufs Kind auf. Männer müssen das akzeptieren.
Lothar Matthäus

Und das schlimmste daran: Er hat Vorbilder.

Die Anatomie der Frau ist für Trikotwerbung nicht geeignet. Die Reklame verzerrt.
Deutscher Fußball Bund

Hass gehört nicht ins Stadion. Solche Gefühle soll man gemeinsam mit seiner Frau daheim im Wohnzimmer ausleben.
Berti Vogts

Ich bin mir sicher,
unserer Mannschaft wird nichts passieren.
Berti Vogts als Mannschaftskapitän bei der WM 1978 in Argentinien zur Folterpraxis des dortigen Militärregimes.

Das hätte in der Türkei passieren dürfen,
aber nicht in der zivilisierten Welt.
Toni Schumacher zum Flutlichtausfall während seines Abschiedsspiels in Köln.

Man sollte nicht Sachen aufwirbeln,
die Jahrhunderte zurückliegen.
Mario Basler über den Bürgerkrieg im ehemaligen Jugoslawien

Auf in die Champignons-League!
Die Presse, Wiener Tageszeitung

Guten Appetit!

Ich bin überzeugt, dass Deutschland spätestens 2006
wieder Weltmeister ist.
Uli Hoeneß